내란 우두머리

[개정판]

내란 우두머리

문호준 著

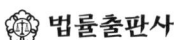
법률출판사

[개정판]
내란 우두머리

발행일 _ 2025. 5. 16.
지은이 _ 문호준
발행인 _ 김용성
발행처 _ 법률출판사
등 록 _ 제1-1982호
서울시 동대문구 휘경로 2길3. 4층
TEL: 02-962-9154 / FAX: 02-962-9156
ISBN 978-89-5821-462-5   (03300)
lawnbook@hanmail.net
값 18,000원

머리말

역사는 한순간에 뒤바뀌지 않는다. 언제나 수많은 침묵과 외면, 두려움과 방관이 쌓이고 쌓여 결국은 기록할 만한 탑을 쌓아 올린다.

지난 2024년 12월 3일, 윤석열 대통령은 계엄령을 선포하고 무장한 경찰과 계엄군을 투입시켜 국회와 중앙선거관리위원회를 점령, 법을 짓밟고, 국민 위에 군림하려 했던 그 순간은 우리 현대사의 커다란 오점으로 남게 됐다.

「내란 우두머리」

처음 이 표현을 떠올렸을 때, 나 역시 손이 떨렸다.
그 무거운 말 한마디에 깃든 수많은 고통과 분노를 생각하지 않을 수 없었다. 그러나 진실을 외면하지 않는 것이야말로 우리가 민주주의를 지키는 길이라 믿었다. 그래서 이 책은 쓰여야만 했다.

그리고 지금, 여러분의 손에 그 아픈 역사를 기록한 책이 들려 있다. 윤석열 대통령은 끊임없이 법치를 이야기했다. 그러나 정작 그가 걸어온 길은 법 위의 권력이었고, 국민이 부여한 권한을 자신의 정당성을 위해 오남용하는 길이었다.

유튜브 중독이라는 조롱 섞인 이야기를 넘어서, 그는 극단적 시선과 음모론에 경도되었고, 결국 자신의 실패를 인정하기보다 국민을 의심하고, 국민을 배반하여 계엄령을 선택했다.

그것은 민주주의의 파괴였고, 헌정질서에 대한 정면 도전이었다.

우리는 기억해야 한다. 대통령이 계엄령을 선포하는 순간, 가장 먼저 향한 곳이 국회와 중앙선거관리위원회였다는 사실을. 민주주의의 심장이자 국민의 주권을 상징하는 국회와 선거 시스템을 공격했다는 사실을 어떻게 지울 수 있을까.

군대가 국민을 지키기보다 국민을 통제하기 위해 움직이려 했던 그날을. 그것이 바로 내란의 시작이었다.

이 책에 담긴 칼럼들은 분노로만 쓰이지 않았다.

글쓴이는 차분히, 하나하나 기록해 나갔다.

왜 그런 일이 벌어졌는지, 어떤 맥락이 쌓였는지 어디서부터 잘못되었는지를 치열하게 묻고 또 물었다. 그리고 결국, 한 사람의 권력 욕망이 어떻게 국민 전체를 위협하게 되는지를 증명해냈다.

역사는 쉽게 잊혀질 수 있다. 그러나 우리는 이 기록을 통해 다음 세대에게 말하고 싶었다. 법치란 구호로 외치는 것이 아니라 권력을 쥔 자 스스로 법 앞에 무릎 꿇을 때 비로소 완성된다는 것을 말이다. 그리고 국민이 언제나 마지막 심판자임을 잊어서는 안 된다는 것을… 탄핵과 파면, 그것은 한 사람의 몰락이 아니라 민주주의의 복원을 위한 불가피한 선택이었다는 것을 말이다.

앞으로도 유혹은 있을 것이다. 힘 있는 자가 법 위에서 군림하려고 거짓과 선동이 진실을 덮으려 할 때가 다시 찾아올지도 모른다. 하지만 우리는 이 책을 통해 다짐한다. 다시는 같은 잘못을 되풀이하지 않겠다고. 그리고 그 다짐은 작은 기록 하나하나에서 시작된다는 것을 믿는다.

    이 책이 그날을 기억하고,
    오늘을 되새기고,
    내일을 지켜내려는 모든 이들에게
    작은 등불이 되기를 소망한다.
    역사는 깨어 있는 시민들의 손에 의해 다시 쓰여야 한다.
    이제 우리의 기록이 그 첫걸음이 될 것이다.

저자는 이 지면에 사자후(獅子吼)를 하고 있지만, 헌법을 짓밟고 법위에 군림하려는 법 기술자 윤석열의 혀끝에서 대한민국 국민이 농락당하는 일은 결코 용서할 수 없는 일이다. 그리고 윤석열을 동조하거나 방조한 자, 그와 같이 걸어온 자에 대한 법적인 책임을 반드시 물어야 한다. 특히 한덕수 대통령권한대행, 최상목 경제부총리, 전광훈 목사, 전한길 학원 강사 외 관계자들에 대한 법적인 책임을 끝까지 물어야 한다.

끝으로 "내란 우두머리"이 책을 상재 할 수 있도록 협력하여 주신 출판사 김용성 대표께 깊은 감사를 드립니다. 그리고 나의 사랑하는 친구 겸(謙)이, 담(潭)이와 함께 좀 더 나은 새로운 시대가 되기를 간절히 바라면서 서문을 마친다.

2025년 5월 15일 문호준 올림

차 례

제1장 계엄의 밤

계엄의 밤 | 015
또 한 번의 대통령 탄핵, 어디서부터 잘못 됐나 | 019
경고성 계엄이라니… | 023
국제적 망신의 주역 | 027

제2장 탄핵과 인용

헌법재판소 선고 요지 전문 | 033
윤석열의 행위 | 047
국가 긴급권 남용 | 051
비상계엄은 내란, 탄핵의 방아쇠 | 055
숫자로 본 윤석열 대통령 탄핵심판 | 059
영광과 오욕의 교차점, 윤석열의 정치 여정 | 062
탄핵심판 선고일의 긴장감 | 066
윤석열 탄핵 심판 _ 전원일치 인용이 나오기까지 | 069
윤석열 대통령 탄핵 인용, 헌재 보충의견의 의미는? | 073
파면 순간과 정의에 대한 환호, 민주 붕괴 격분 | 075
국민의 힘은 누구를 위해 존재하는가 | 078
여·야·정 협력으로 국가적 리더십을 | 081

제3장 윤석열의 궤변과 실정

윤석열의 입은 어떻게 욕설을 달고 나왔나? | 087
윤석열의 失政 _ 그는 무엇을 파괴했나 | 097
대통령의 무게와 책임 _ 윤석열 대통령 탄핵 사태를 바라보며 | 107
윤석열, 형사재판 첫날 93분의 궤변(詭辯) | 111
파면으로 달아난 윤석열의 예우 | 115
윤석열 정부의 문화정책 실패 | 119
짧았던 정치 인생, 윤석열 대통령의 부침(浮沈) | 123

제4장 새 정부에 당부

국가는 왜 존재하는가, 그리고 우리는 무엇을 바꿔야 하는가 | 129
대통령의 자격 | 133
다수당의 힘, 국익을 위해 써라 | 140
박근혜 탄핵 때보다 더 분열된 민심 | 144
경제 리더십에 집중해야 | 147
의대생 파행, 아직 갈 길 멀다 | 151
탄핵 이후, 무너진 신뢰를 어떻게 회복할 것인가 | 154
트럼프발 관세 전쟁, 그 파장은 어디까지인가 | 158
한미동맹과 한일관계, 그리고 안개 속의 외교 행로 | 162
정치가 사라진 자리 | 165

헌정질서 파괴, 미수도 용납할 수 없다 | 170
헌법 질서와 민주주의의 경계에서 | 173
다시 윤석열이 아닌, 윤 감옥으로 | 176
충성의 말과 권력의 그림자 | 181
사저정치 아웃 | 184
윤석열 정부의 개혁 시도와 남겨진 과제 | 187
대통령도, 국회도 국민을 잊었다 | 191
보수, 반성과 단결 없이는 미래도 없다 | 194
이제 국민통합으로 가는 첫걸음 | 200

제5장 내란 동조자들

방조인가, 동조인가: 한덕수와 최상목의 책임을 묻다 | 205
국무총리 한덕수 대통령 권한대행의 일탈 | 208
한덕수 권한대행의 권력남용 | 211
최상목의 권력남용 | 216
파면된 윤석열과 동조자들 | 220
항고 포기한 검찰총장 | 223

제6장 역대 대통령의 실정

박정희 전 대통령의 실정 | 229
전두환 전 대통령의 실정, 짓밟힌 민주주의 | 234
노태우 정권, 빛과 그림자가 교차한 시간 | 239
김영삼 전 대통령의 실정 | 244
이명박 전 대통령의 실정 | 249
박근혜 전 대통령 실정, 그 어두운 기록 | 253
보수 정치의 그림자, 역대 대통령이 증언한다 | 258
한국 보수의 민낯과 민주주의의 위기 | 264

제7장 유튜브의 교훈

유튜브와 윤석열, 무너진 사회 신뢰의 기록 | 269
유튜브에 갇힌 윤석열, 그리고 무너진 공공질서 | 273
유튜브에 빠진 지도자, 후대에 남긴 뼈아픈 교훈 | 277
윤석열 대통령, 유튜브 문화와 함께 무너진 신뢰 | 280
윤석열 대통령, 유튜브 중독과 파면까지의 기록 | 283
보수 유튜버들이 대통령을 무너뜨렸다 | 286
보수 진영의 위기, 무너지는 균형감각 | 290
보수의 길을 잃다 _ 극우의 유혹과 윤석열의 추락 | 294
전광훈, 극우 정치의 중심으로 떠오르다 | 298

전광훈, 또 선 넘었다 _ 내란 선동의 죄를 묻는다 | 301

전광훈, 종교계의 좀비 | 306

전광훈 시대의 쇠퇴와 극우 지형의 재편 | 310

전광훈과 전한길, 자유우파의 균열이 시작됐다 | 313

전한길, 빗나간 민심을 잡다니 | 317

계몽령이라며 선동한 전한길, 어디까지 갈 셈인가 | 321

유튜브 교훈 삼아야 | 325

제1장 계엄의 밤

계엄의 밤

 12월 3일 밤, 대한민국은 갑작스러운 소식에 잠에서 깼다. 윤석열 대통령이 비상계엄을 선포한 것이다. 평범하고 평화로웠던 밤이 단지 한순간에 긴장감으로 가득찼던 것이다. 국민들은 놀라고 두려웠다. TV 화면에는 계엄군들이 완전무장을 하고 국회의사당으로 진격하고, 헬리콥터가 국회 상공을 맴도는 모습이 생생하게 비쳤다.
 그날 비상계엄을 선포한다는 대통령의 발표는 짧았지만, 국민의 충격은 매우 컸고 오래 갔다. 대통령은 국가의 안위가 위협받고 있다며, 질서를 잡기 위해 계엄이 필요하다고 했다. 하지만 누구도 그런 위기를 느낀 적이 없었다. 거리도, 방송도 조용했는데 대통령만 혼자 위기라고 말한 셈이었다.
 계엄령은 우리 헌법에서 아주 특별한 경우에만 내릴 수 있다. 전쟁이나 폭동처럼 국가가 마비될 정도일 때만 가능한 조치다. 그런데 그날 밤, 그런 징후는 어디에도 없었다. 시민들은 그저 일상을 지내고 있었다. 그래서 더 의심스러웠다. 대통령이 정말 어떤 숨어 있는 위기를 막기 위해 계엄을 내린 것인지, 아니면 자신의 권력을 지키기 위한 행동인지 말이다. 윤 대통령은 계몽을 통해 국회 다수당의 횡포와 중앙선거관리위원회의 비리, 부정선거 등을 깨우치려고 했다는 변명을 늘어놓았다.

계엄의 밤, 곧바로 계엄군이 움직였다. 계엄군은 여의도 국회로 진입해 국회의사당을 통제했다. 국회의원들은 안으로 들어갈 수조차 없었다. 하늘에는 군용 헬리콥터가 떠 있었다. 중앙선거관리위원회에도 군인들이 배치되었다. 황당한 사건을 접한 국민은 마치 시간 여행을 해 1980년대로 돌아간 느낌을 받았다.

계엄의 밤

하지만 이번에는 상황이 1980년대와 달랐다. 시민들은 결코 침묵하지 않았다. 시민들이 국회의사당으로 몰려들었다. 윤석열의 황당한 독재는 국회의 비상계엄 해제 결의안을 통해 몇 시간 만에 해제되었다.

이후 전국에서 촛불이 켜졌고, 대학가와 시민단체, 정치계, 법조계가 일제히 목소리를 냈다. 이것은 내란이다. 민주주의를 지켜야 한다. 국회는 이를 내란으로 규정하고 여러 차례 윤석열 대통령을 탄핵하려고 시도했다. 그리고 몇 차례 만에 탄핵이 이루어졌고, 윤 대통령 직무는 곧바로 정지되고 말았다.

이렇게 되고서야 국민들은 다시 숨을 돌릴 수 있었다. 하지만 여전히 불안했다. 대통령이 그렇게 쉽게 국민의 자유를 억압하고, 계엄군을 동원했다는 사실이 너무 무서웠기 때문이다. 헌법이, 제도가, 사람들을 지켜주지 못할 수도 있다는 불신이 생겼던 것이다.

이후 국회는 국정조사에 돌입했고, 헌법재판소가 윤 대통령의 비상계엄을 내란죄 및 불법, 위헌으로 심리에 들어갔다. 이를 통해 대통령의 계엄령 선포 과정이 절차를 갖추지 못했음이 사실로 드러났다. 실제로 국무회의를 거치지 않았으며, 대통령은 국방부 장관과 모의하에 모든 결정을 내렸던 것으로 조사됐다. 이는 헌법을 위반한 중대한 행위였다.

그리고 122일 후, 헌법재판소는 윤석열의 불법, 위헌 요소를 조목별로 들며 대통령 탄핵을 선고했다. 대통령은 직무에서 물러났고, 역사 속으로 사라졌다. 이번 황당한 사건을 맞이해 많은 국민이 거리에서 울고 웃었다. 윤석열 대통령의 탄핵과 인용은 국민을 분열시키고 울리고 웃도록 만들었다. 이것은 더이상 이런 일이 반복되어선 안 된다는 다짐의 눈물이었다.

계엄의 밤은 짧았지만 깊은 상처를 남겼다. 민주주의는 지켜야 할 약속이며, 언제든 누군가에 의해 흔들릴 수도 있다는 사실을 우리는 다시 한번 배웠다. 국민이 일치단결해서 위험한 대한민국을 지켜낼 수 있었다.

그날 밤, 우리는 자유가 얼마나 소중한 것인지 가슴에 새길 수 있었다. 훗날 후손들에게 제대로 된 나라를 물려줘야 한다. 다시 이런 끔찍한 일이 반복되어서는 안 된다는 다짐을 수없이 했던 날과 밤들이었다. 계엄의 밤은 두 번 다시 떠올리고 싶지 않은 슬픈 추억의 역사가 되었다.

또 한 번의 대통령 탄핵, 어디서부터 잘못 됐나

 2025년 4월 4일, 대한민국 헌정사에 또 하나의 충격적인 이정표가 찍혔다. 윤석열 대통령에 대한 헌법재판소의 탄핵 인용 결정이 전원일치로 내려졌고, 대한민국은 다시 한번 현직 대통령이 자리에서 물러나는 사태를 겪게 됐다. 박근혜 전 대통령에 이어 두 번째, 불과 8년 만의 일이다.

 지난해 12월 3일 밤 10시 25분, 대한민국은 전쟁이 난 듯 놀란 밤이었다. 윤석열 대통령은 비상계엄을 선포하고, 포고령을 통해 정치 활동 금지, 언론통제, 영장 없이 시민을 체포할 수 있는 계엄을 선포한 것이다.

 담화문 발표와 동시에, 국회를 봉쇄하고, 중앙선거관리위원회를 침탈하고, 정적들을 제거하려는 조치에 들어갔다. 이를 지시한 윤석열 대통령은 이후, 탄핵이 가결되기까지 11일, 체포되기까지

32일, 그리고 석방된 지 27일 동안 관저에서 활동했다.

헌법재판소가 탄핵 심판을 진행하는 과정에서 윤 대통령의 진술을 거짓으로 넘쳤다. 대외적 메시지는 부하들에게 책임을 떠넘겼고, 또한 근거 없는 이상한 정보로 여론을 호도했다. 민주당 다수당 횡포로 민의의 국회를 범죄집단처럼 몰아갔다. 또 선거제도에 대한 불신, 중앙선관위에 대한 불신은 팽배할 대로 팽배해 있었다. 결국에는 비상계엄이란 무력동원을 통해 내란을 시도했고, 이것은 계몽의 시간이었다며 억지 주장을 펼쳤다.

이 사건은 단지 한 정치인의 몰락이 아니다. 헌정 질서의 작동, 법치주의의 시험, 그리고 국민 통합이라는 중대한 과제를 우리 앞에 던져준 역사적 순간이다. 무엇보다 이 비극은 외부의 공격이 아니라, 대통령 스스로 자초한 결과라는 점에서 안타까움을 더하는 사건이었다.

헌재는 윤 대통령의 행위를 '헌법수호 관점에서 결코 용납될 수 없는 행위'로 규정했다. 위헌·위법 행위가 누적되었고, 그것이 국가 통치의 기본 원칙을 심각하게 훼손했다는 것이 판결의 핵심이다. 재판관 8명 전원의 일치된 판단은 법 앞의 평등이라는 헌법적 원칙을 다시 한번 확인시켜 준다.

그러나 이번 탄핵은 2017년의 그것과는 결이 다르다. 박근혜 전 대통령 탄핵 당시엔 국정 농단이라는 명백한 사안과 국민적 분노, 그리고 초당적 공감대가 있었다. 반면, 윤 대통령 탄핵은 사회적 찬반이 극명히 갈렸고, 판결 직전까지 전국 곳곳에서 찬반 집회가 이어질 정도로 정치적 대립이 격화됐다.

이제 우리에게 남은 과제는 분열을 극복하고 통합을 향해 나아가는 일이다. 대통령 탄핵이라는 큰 충격 속에서도 헌법과 법치주의 틀 안에서 문제를 해결해 나간 것은 그나마 다행이다. 국회는 소추를, 헌재는 판결을 헌법 절차에 따라 수행했으며, 그 결과는 법에 의한 통치가 살아 있음을 보여줬다.

탄핵 이후의 정국은 더 중요하다. 국정 공백을 최소화하고 국가 혼란을 줄이기 위한 노력이 절실하다. 국무총리 권한대행 체제는 정치적 중립을 지키면서 행정의 연속성을 보장해야 하며, 60일 이내에 치러질 조기 대선도 공정성과 투명성을 최우선으로 해야 한다. 이런 원칙 아래 우리는 이 모든 것을 완성했다.

이 과정에서 폭력이나 극단적 주장, 불법 행위는 단호히 배제돼야 한다. 헌재의 판단을 부정하고 거리로 나가는 것은 민주주의의 본질을 훼손하는 일이다. 법치에 기반한 민주 사회는 합법적 절차를 통해 의견을 표출하고, 결과를 수용하는 문화 속에서 성장하는 것이다.

이번 사태는 제도적 숙제도 안겨줬다. 반복되는 대통령 탄핵은 제왕적 대통령제의 구조적 문제를 드러낸다. 권력이 지나치게 집중되는 시스템을 개혁하지 않는다면, 제3, 제4의 사태는 언제든 반복될 수 있다. 이제는 실효성 있는 견제 장치와 정치 문화의 혁신이 필요한 시점이라고 할 수 있다.

국민의 감시와 참여, 그리고 정치권의 책임 있는 자세가 맞물려야 한다. 민주주의는 단순히 권력을 끌어내리는 데서 끝나지 않는다. 그 이후 어떤 질서를 세우고, 얼마나 성숙한 사회로 나아가느냐가 진짜 과제다. 지금 이 위기를 새로운 출발점으로 삼아야 한다. 우리는 새로이 출범한 정부를 믿고 따르며 지지해야 한다. 절대 앞 번 같은 맹목적인 대립을 추구해서는 안 되는 것이다.

결국, 대통령 탄핵은 민주주의의 실패가 아니라, 민주주의가 작동하고 있다는 증거일 수 있다. 하지만 같은 실패를 반복하지 않기 위해선 국민과 지도자 모두 다시는 이런 일이 없도록 각성해야 한다. 대한민국이 진정한 민주국가로 거듭나기 위한 전환점이 바로 지금이라고 생각한다. 우리는 모두 각성해야 한다.

경고성 계엄이라니…

"피청구인의 통제 등에도 불구하고 국회가 신속하게 비상계엄 해제 요구 결의를 할 수 있었던 것은 시민들의 저항과 군경의 소극적인 임무 수행 덕분이었다." 헌재의 판단은 명쾌했다. 윤석열 대통령은 계엄을 실험 정도로 생각한 모양이었다. 세상에 경고성 계엄이라는 이상한 말을 만든 장본인은 결국 자기 꾀에 무너진 꼴이 되고 말았다. 헌재의 지적은 우리에게 충분히 설득력이 있다.

윤석열은 이렇게 짧은 2시간짜리 내란이 어디 있느냐고 항변했다. 윤의 말에 우리 역시 고개를 끄덕였다. 윤은 즉각적인 해제를 전제로 한 잠정적 일시적 조치였으며, 평화적 계몽령이라고 주장했다.

하지만 헌법재판소의 판단은 달랐다. 윤의 말을 들으면 상식적으로 말이 되는 것처럼 들리는데 헌재의 판단은 훨씬 깊고 심오했다. 헌재는 파면을 결정하는 선고문에서 비상계엄 해제요구 결의안이 가결됐다는 이유로 법 위반이 중대하지 않다고 볼 수 없다고 적시한 것이다.

　윤석열의 주장처럼 대통령이 국회의 비상계엄 해제요구를 받아들여 계엄을 해제한 것은 사실이다. 그러나 윤이 해제요구를 받아들여 계엄을 해제한 사실만으로 위법한 사실이 없는 것은 아니라는 점이다. 윤은 다만 계엄 해제 의무를 위반하지 않았을 뿐 그가 행한 법과 헌법 위반이 중대하지 않은 것이 아니라는 사실이다.

2시간짜리 내란?

　비상계엄이 선포되는 즉시 윤석열은 평소 허용되는 범위를 넘어서서 국민의 기본권을 제한하고 정부나 법원의 권한에 관해 특별한 조치를 할 수 있다며, 경고성 혹은 호소형 계엄이란 존재할 수 없음을 명백히 밝혔다. 윤의 주장을 정면으로 반박한 것이다.

　윤의 약점은 한둘이 아니다. 처음부터 일시적인 조치를 하려고 했다면 병력 투입을 굳이 하지 않아도 되었다. 병력을 투입한 것은 국회의 계엄해제 요구권을 방해할 목적이 분명했음을 보여주는 단적인 사례다.

윤은 계엄 포고령의 효력이 상당히 지속되기를 바랐을 것으로 읽히는 대목이다. 무엇보다 당시 대한민국의 상황이 군사상 필요에 따라 병력을 필요로 하는 것도 아니었다. 전혀 위기의 상황이 아니었기 때문이다.

따라서 비상계엄 선포는 본질상 경고라는 성격과 부합하지 않고, 한번 발동이 되면 경고의 성격에 그칠 수 없는 성격을 지닌 것이다. 입헌주의 법치주의 국가에서 국가권력은 언제나 헌법의 테두리에서 헌법에 규정된 절차에 따라 행사되어야 하는 게 맞다는 생각이다.

윤석열 측 변호인단은 계엄 선포가 사법 심사의 대상이 되지 않는 통치 행위라는 주장을 폈다. 그러나 헌재는 이 주장도 받아들이지 않았다. 설령 계엄 선포가 고도의 결단을 요구하는 행위라 하더라도 헌법과 법률의 위반 여부를 심사할 수 있는 것이다.

세상에 사법 심사의 대상이 되지 않는 행위란 없는 것이다. 이 부분에 대한 헌재의 판결 역시 이런 입장을 분명히 한 것으로 읽힌다. 윤석열 대통령의 무기는 오직 묵비권밖에 없었다. 공수처 체포영장 집행 후에 있었던 피의자 조사에서도 그는 모든 것을 거부하며 침묵했다. 그는 미국 트럼프 대통령이 주장한 법 적용을 염두해 두고 트럼프 판결을 적용하고자 하였는지도 모른다. 미국 연방대법원은 트럼프에게 아주 유리한 판결을 내린 이력이 있다. 지난 2020년 미국에서는 대선 뒤집기 혐의 등으로 기소된 도널드 트럼프 미 대통령에게 면책특권을 적용해야 한다고 판결한 바 있다. 민주주의 원조의 나라 미국에서 대통령의 공적 행위에 대해 법원이 심사할 수 없다는 취지였겠지만, 대한민국의 헌법재판소는 이러한 법을 받아들이지 않았다는 점이다.

국제적 망신의 주역

 윤석열 대통령이 사건을 친 이후 세계의 언론이 긴급뉴스를 타전했다. 대한민국의 치솟았던 국격이 한순간에 허물어지던 순간이었다. 로이터 통신과 미국 뉴욕타임스(NYT) 등 주요 외신은 윤석열 대통령이 발령한 비상계엄을 신속히 보도했다. 그리고 이후 내란 우두머리 혐의를 받는 윤석열 대통령의 구속기소와 관련한 내용도 긴급뉴스로 보도했던 것이다.
 NYT는 윤 대통령 구속 소식을 전하면서 계엄 선포에 관여했던 전직 국방부 장관 등과 함께 법정에 서게 됐다고 첨언했다. NYT는 여론 조사를 인용하면서 다수의 한국 국민은 그의 탄핵에 찬성하고 그가 내란죄를 저질렀다고 생각한다는 말도 빼놓지 않았다.
 하지만 대한민국의 문제점도 빼먹지 않았는데, 강성 지지층이 그의 탄핵을 사기라고 주장하며 일부 지지자들이 법원에 난입해 충격을 안겼다고 타전했다. 한 지도자의 무모한 행동이 수십 년 쌓아 올린 대한민국의 국격을 허물어버린 순간이었다.

외신들은 윤석열 대통령이 한국 현직 대통령으로는 사상 처음으로 기소됐다는 점도 언급했다. 그러면서 내란·외환죄에 한해 현직 대통령을 재판에 넘길 수 있는 한국의 헌법 및 사법 체계도 같이 보도했다. 한국의 상황이 이렇게 긴급 전파를 타면서 우리의 환율이 급락하고, 각 나라는 대한민국을 여행 위험 지역에 포함시키기 시작했다.

CNN이 보도한 윤석열 탄핵 뉴스(출처:Money's)

미 CNN 방송은 윤 대통령의 계엄령 선포로 촉발된 정치적 소용돌이의 가장 최근 전개 상황이라며, 한국의 현직 대통령은 대부분 범죄에서 형사상 소추되지 않는 면책특권을 가지지만 이런 특권에서 내란 및 외환 혐의는 제외된다는 보도도 빼놓지 않았다. 우리의 위신과 체면, 국격이 훼손되는 와중에도 우리의 저력은 결코 외신이 무시할 수 없는 영역임을 입증하는 순간이 되기도 했다.

로이터 통신은 이번 기소가 전례 없는 일이라면서 유죄 시 형량이 무기징역, 그리고 최대 사형에도 처할 수 있다고 소개했다. 이런 내용이 외신 전파를 타면서 분위기가 상당히 심각하게 그늘이 졌다.

신화통신, 교도통신 등 다른 외신들도 현직 한국 윤석열 대통령의 기소가 사상 처음 있는 일이라고 전했다. 전두환, 노태우, 박근혜 등의 구속이 있었지만, 이들은 대통령직에서 물러났거나 대통령직에서 파면된 이후에 구속된 것이었다.

그러니 현직 대통령 신분으로는 윤석열 대통령이 아직 까지는 유일할 수밖에 없었다. 이는 불명예 중 불명예로, 대한민국이란 나라는 현직 대통령이 구속되는 나라라는 우려를 심어주었다. 이를 두고 역시 대한민국은 민주주의 나라임을 부각시켰다며 추켜세우는 사람들도 있다.

당시 우리의 상황이 급박해지자 일본 정부는 물론, 중국, 미국 등 우리와 긴밀한 관계를 맺고 있는 나라에서 첨예한 관심을 갖고 상황을 지켜보았다. 윤석열이 구속되면서는 우리의 국내 움직임에 대해서 특별하고 중대한 관심을 갖고 주시한다고 각 외부 언론이 소신을 밝힌 바도 있다.

특히 미국과 중국에 비해 일본 정부의 관심은 매우 각별했다. 또한 조심스러운 데가 느껴지기도 했는데 일본 정부 대변인인 하야시 요시마사 관방장관이 직접 기자회견까지 열었고, 윤석열 기소에 대해 예민한 사안이라며 언급을 삼간다는 말도 덧붙였다. 이것은 내정 간섭의 문제로 비쳐질지도 모른다는 우려를 포함하고 있었다.

무엇보다 한일관계, 한미관계, 한중관계의 관계성에 큰 변화가 없음을 각 나라는 확인하고자 했다. 윤석열은 그만큼 세계를 깜짝 놀라게도 만들었다. 그는 성격이 급하고 화를 잘내는 사람이라는 말을 듣는다. 우리는 윤석열의 성품에 대해 그가 대통령 선거에 뛰어들기 전부터 들어온 이력이 있다.

하지만 이런 일까지 일으킬 장본인이 되리라는 것은 상상도 하지 못했다. 지도자의 빗나간 행동 하나가 얼마나 엄청난 손해를 일으키는지 우리는 비상계엄과 윤석열 대통령 탄핵 및 파면을 통해 뼈저리게 느끼게 되었다. 이제 다시 이런 지도자가 대한민국이란 나라에 등장하지 않기를 바랄 뿐이다.

제2장 탄핵과 인용

헌법재판소 선고 요지 전문

윤석열 대통령 탄핵심판 선고

지금부터 2024헌나8 대통령 윤석열 탄핵사건에 대한 선고를 시작하겠습니다.

■ 먼저, 적법요건에 관하여 살펴보겠습니다.

① 이 사건 계엄 선포가 사법심사의 대상이 되는지에 관하여 보겠습니다.

고위공직자의 헌법 및 법률 위반으로부터 헌법 질서를 수호하고자 하는 탄핵 심판의 취지 등을 고려하면, 이 사건 계엄 선포가 고도의 정치적 결단을 요하는 행위라 하더라도 그 헌법 및 법률 위반 여부를 심사할 수 있습니다.

② 국회 법사위의 조사 없이 이 사건 탄핵소추안을 의결한 점에 대하여 보겠습니다.

헌법은 국회의 소추 절차를 입법에 맡기고 있고, 국회법은 법사위 조사 여부를 국회의 재량으로 규정하고 있습니다. 따라서 법사위의 조사가 없었다고 하여 탄핵소추 의결이 부적법하다고 볼 수 없습니다.

③ 이 사건 탄핵소추안의 의결이 일사부재의 원칙에 위반되는지 여부에 대하여 보겠습니다.

국회법은 부결된 안건을 같은 회기 중에 다시 발의할 수 없도록 규정하고 있습니다. 피청구인에 대한 1차 탄핵소추안이 제418회 정기회 회기에 투표 불성립되었지만, 이 사건 탄핵소추안은 제419회 임시회 회기 중에 발의되었으므로, 일사부재의 원칙에 위반되지 않습니다.

한편 이에 대해서는 다른 회기에도 탄핵소추안의 발의 횟수를 제한하는 입법이 필요하다는 재판관 정형식의 보충의견이 있습니다.

④ 이 사건 계엄이 단시간 안에 해제되었고, 이로 인한 피해가 발생하지 않았으므로 보호이익이 흠결되었는지 여부에 대하여 보겠습니다.

이 사건 계엄이 해제되었다고 하더라도 이 사건 계엄으로 인하여 이 사건 탄핵 사유는 이미 발생하였으므로 심판의 이익이 부정된다고 볼 수 없습니다.

⑤ 소추의결서에서 내란죄 등 형법 위반 행위로 구성하였던 것을 탄핵심판청구 이후에 헌법 위반 행위로 포섭하여 주장한 점에 대하여 보겠습니다.

기본적 사실관계는 동일하게 유지하면서 적용 법조문을 철회·변경하는 것은 소추 사유의 철회·변경에 해당하지 않으므로, 특별한 절차를 거치지 않더라도 허용됩니다. 피청구인은 소추 사유에 내란죄 관련 부분이 없었다면 의결정족수를 충족하지 못하였을 것이라고도 주장하지만, 이는 가정적 주장에 불과하며 객관적으로 뒷받침할 근거도 없습니다.

⑥ 대통령의 지위를 탈취하기 위하여 탄핵소추권을 남용하였다는 주장에 대하여 보겠습니다.

이 사건 탄핵소추안의 의결 과정이 적법하고, 피소추자의 헌법 또는 법률 위반이 일정 수준 이상 소명되었으므로, 탄핵소추권이 남용되었다고 볼 수 없습니다. 그렇다면 이 사건 탄핵 심판 청구는 적법합니다.

한편 증거법칙과 관련하여, 탄핵심판 절차에서 형사소송법상 전문법칙을 완화하여 적용할 수 있다는 재판관 이미선, 김형두의 보충의견과, 탄핵심판절차에서 앞으로는 전문법칙을 보다 엄격하게 적용할 필요가 있다는 재판관 김복형, 조한창의 보충의견이 있습니다.

◼ 다음으로 피청구인이 직무집행에 있어 헌법이나 법률을 위반하였는지, 피청구인의 법위반 행위가 피청구인을 파면할 만큼 중대한 것인지에 관하여 살펴보겠습니다.

우선 소추사유별로 살펴보겠습니다.

① 이 사건 계엄 선포에 관하여 보겠습니다.

헌법 및 계엄법에 따르면, 비상계엄 선포의 실체적 요건 중 하나는 '전시·사변' 또는 이에 준하는 국가비상사태로 적과 교전 상태에 있거나 사회질서가 극도로 교란되어 행정 및 사법 기능의 수행이 현저히 곤란한 상황이 현실적으로 발생하여야 한다는 것입니다.

피청구인은 야당이 다수의석을 차지한 국회의 이례적인 탄핵소추 추진, 일방적인 입법권 행사 및 예산 삭감 시도 등의 전횡으로 인하여 위와 같은 중대한 위기상황이 발생하였다고 주장합니다.

피청구인의 취임 후 이 사건 계엄 선포 전까지 국회는 행안부장관, 검사, 방통위 위원장, 감사원장 등에 대하여 총 22건의 탄핵소추안을 발의하였습니다. 이는 국회가 탄핵소추사유의 위헌□위법성에 대해 숙고하지 않은 채 법 위반의 의혹에만 근거하여 탄핵심판제도를 정부에 대한 정치적 압박수단으로 이용하였다는 우려를 낳았습니다.

그러나 이 사건 계엄 선포 당시에는 검사 1인 및 방통위 위원장에 대한 탄핵심판절차만이 진행 중이었습니다. 피청구인이 야당이 일방적으로 통과시켜 문제가 있다고 주장하는 법률안들은 피청구인이 재의를 요구하거나 공포를 보류하여 그 효력이 발생되지 않은 상태였습니다.

2025년도 예산안은 2024년 예산을 집행하고 있었던 이 사건 계엄 선포 당시 상황에 어떠한 영향을 미칠 수 없고, 위 예산안에 대하여 국회 예결특위의 의결이 있었을 뿐 본회의의 의결이 있었던 것도 아닙니다.

따라서 국회의 탄핵소추, 입법, 예산안 심의 등의 권한 행사가 이 사건 계엄 선포 당시 중대한 위기상황을 현실적으로 발생시켰다고 볼 수 없습니다. 국회의 권한 행사가 위법·부당하더라도, 헌법재판소의 탄핵심판, 피청구인의 법률안 재의요구 등 평상시 권력행사방법으로 대처할 수 있으므로, 국가긴급권의 행사를 정당화할 수 없습니다.

피청구인은 부정선거 의혹을 해소하기 위하여 이 사건 계엄을 선포하였다고도 주장합니다. 그러나 어떠한 의혹이 있다는 것만으로 중대한 위기상황이 현실적으로 발생하였다고 볼 수는 없습니다.

또한 중앙선관위는 제22대 국회의원 선거 전에 보안 취약점에 대하여 대부분 조치하였다고 발표하였으며, 사전·우편 투표함 보관장소 CCTV영상을 24시간 공개하고 개표과정에 수검표 제도를 도입하는 등의 대책을 마련하였다는 점에서도 피청구인의 주장은 타당하다고 볼 수 없습니다.

결국 피청구인이 주장하는 사정을 모두 고려하더라도, 피청구인의 판단을 객관적으로 정당화할 수 있을 정도의 위기상황이 이 사건 계엄 선포 당시 존재하였다고 볼 수 없습니다.
헌법과 계엄법은 비상계엄 선포의 실체적 요건으로, '병력으로써 군사상의 필요에 응하거나 공공의 안녕질서를 유지할 필요와 목적이 있을 것'을 요구하고 있습니다.
그런데 피청구인이 주장하는 국회의 권한 행사로 인한 국정마비 상태나 부정선거 의혹은 정치적·제도적·사법적 수단을 통하여 해결하여야 할 문제이지 병력을 동원하여 해결할 수 있는 것이 아닙니다.

피청구인은 이 사건 계엄이 야당의 전횡과 국정 위기상황을 국민에게 알리기 위한 '경고성 계엄' 또는 '호소형 계엄'이라고 주장하지만, 이는 계엄법이 정한 계엄 선포의 목적이 아닙니다.

또한 피청구인은 계엄 선포에 그치지 아니하고 군경을 동원하여 국회의 권한 행사를 방해하는 등의 헌법 및 법률 위반 행위로 나아갔으므로, 경고성 또는 호소형 계엄이라는 피청구인의 주장을 받아들일 수 없습니다. 그렇다면 이 사건 계엄 선포는 비상계엄 선포의 실체적 요건을 위반한 것입니다.

다음으로, 이 사건 계엄 선포가 절차적 요건을 준수하였는지에 관하여 보겠습니다.

계엄의 선포 및 계엄사령관의 임명은 국무회의의 심의를 거쳐야 합니다. 피청구인이 이 사건 계엄을 선포하기 직전에 국무총리 및 9명의 국무위원에게 계엄 선포의 취지를 간략히 설명한 사실은 인정됩니다. 그러나 피청구인은 계엄사령관 등 이 사건 계엄의 구체적인 내용을 설명하지 않았고 다른 구성원들에게 의견을 진술할 기회를 부여하지 않은 점 등을 고려하면 이 사건 계엄 선포에 관한 심의가 이루어졌다고 보기도 어렵습니다.

그 외에도, 피청구인은 국무총리와 관계 국무위원이 비상계엄 선포문에 부서하지 않았음에도 이 사건 계엄을 선포하였고, 그 시행일시, 시행지역 및 계엄사령관을 공고하지 않았으며, 지체 없이 국회에 통고하지도 않았으므로, 헌법 및 계엄법이 정한 비상계엄 선포의 절차적 요건을 위반하였습니다.

② 국회에 대한 군경 투입에 관하여 보겠습니다.

피청구인은 국방부장관에게 국회에 군대를 투입할 것을 지시하였습니다. 이에 군인들은 헬기 등을 이용하여 국회 경내로 진입하였고, 일부는 유리창을 깨고 본관 내부로 들어가기도 하였습니다.
피청구인은 육군특수전사령관 등에게 '의결정족수가 채워지지 않은 것 같으니, 문을 부수고 들어가서 안에 있는 인원들을 끄집어내라'는 등의 지시를 하였습니다. 또한 피청구인은 경찰청장에게 계엄사령관을 통하여 이 사건 포고령의 내용을 알려주고, 직접 6차례 전화를 하기도 하였습니다. 이에 경찰청장은 국회 출입을 전면 차단하도록 하였습니다. 이로 인하여 국회로 모이고 있던 국회의원들 중 일부는 담장을 넘어가야 했거나 아예 들어가지 못하였습니다.
한편, 국방부장관은 필요시 체포할 목적으로 국군방첩사령관에게 국회의장, 각 정당 대표 등 14명의 위치를 확인하라고 지시하였습니다. 피청구인은 국가정보원 1차장에게 전화하여 국군방첩사령부를 지원하라고 하였고, 국군방첩사령관은 국가정보원 1차장에게 위 사람들에 대한 위치 확인을 요청하였습니다.

이와 같이 피청구인은 군경을 투입하여 국회의원의 국회 출입을 통제하는 한편 이들을 끌어내라고 지시함으로써 국회의 권한 행사를 방해하였으므로, 국회에 계엄해제요구권을 부여한 헌법 조항을 위반하였고, 국회의원의 심의·표결권, 불체포특권을 침해하였습니다.

또한 각 정당의 대표 등에 대한 위치 확인 시도에 관여함으로써 정당활동의 자유를 침해하였습니다. 피청구인은 국회의 권한 행사를 막는 등 정치적 목적으로 병력을 투입함으로써, 국가 안전보장과 국토방위를 사명으로 하여 나라를 위해 봉사하여 온 군인들이 일반 시민들과 대치하도록 만들었습니다. 이에 피청구인은 국군의 정치적 중립성을 침해하고 헌법에 따른 국군통수의무를 위반하였습니다.

③ 이 사건 포고령 발령에 관하여 보겠습니다.

피청구인은 이 사건 포고령을 통하여 국회, 지방의회, 정당의 활동을 금지함으로써 국회에 계엄해제요구권을 부여한 헌법 조항, 정당제도를 규정한 헌법 조항과 대의민주주의, 권력분립원칙 등을 위반하였습니다. 비상계엄하에서 기본권을 제한하기 위한 요건을 정한 헌법 및 계엄법 조항, 영장주의를 위반하여 국민의 정치적 기본권, 단체행동권, 직업의 자유 등을 침해하였습니다.

④ 중앙선관위에 대한 압수·수색에 관하여 보겠습니다.

피청구인은 국방부장관에게 병력을 동원하여 선관위의 전산시스템을 점검하라고 지시하였습니다. 이에 따라 중앙선관위 청사에 투입된 병력은 출입통제를 하면서 당직자들의 휴대전화를 압수하고 전산시스템을 촬영하였습니다. 이는 선관위에 대하여 영장 없이 압수·수색을 하도록 하여 영장주의를 위반한 것이자 선관위의 독립성을 침해한 것입니다.

⑤ 법조인에 대한 위치 확인 시도에 관하여 보겠습니다.

앞서 말씀드린 바와 같이, 피청구인은 필요시 체포할 목적으로 행해진 위치 확인 시도에 관여하였는데, 그 대상에는 퇴임한 지 얼마 되지 않은 전 대법원장 및 전 대법관도 포함되어 있었습니다.
이는 현직 법관들로 하여금 언제든지 행정부에 의한 체포 대상이 될 수 있다는 압력을 받게 하므로, 사법권의 독립을 침해한 것입니다.

지금까지 살펴본 피청구인의 법위반 행위가 피청구인을 파면할 만큼 중대한 것인지에 관하여 보겠습니다.

피청구인은 국회와의 대립 상황을 타개할 목적으로 이 사건 계엄을 선포한 후 군경을 투입시켜 국회의 헌법상 권한 행사를 방해함으로써 국민주권주의 및 민주주의를 부정하고, 병력을 투입시켜 중앙선관위를 압수·수색하도록 하는 등 헌법이 정한 통치구조를 무시하였으며, 이 사건 포고령을 발령함으로써 국민의 기본권을 광범위하게 침해하였습니다.

이러한 행위는 법치국가원리와 민주국가원리의 기본 원칙들을 위반한 것으로서 그 자체로 헌법질서를 침해하고 민주공화정의 안정성에 심각한 위해를 끼쳤습니다.

한편 국회가 신속하게 비상계엄해제요구 결의를 할 수 있었던 것은 시민들의 저항과 군경의 소극적인 임무 수행 덕분이었으므로, 이는 피청구인의 법 위반에 대한 중대성 판단에 영향을 미치지 않습니다.

대통령의 권한은 어디까지나 헌법에 의하여 부여받은 것입니다. 피청구인은 가장 신중히 행사되어야 할 권한인 국가긴급권을 헌법에서 정한 한계를 벗어나 행사하여 대통령으로서의 권한 행사에 대한 불신을 초래하였습니다.

피청구인이 취임한 이래 야당이 주도하고 이례적으로 많은 탄핵소추로 인하여 여러 고위공직자의 권한행사가 탄핵심판 중 정지되었습니다. 2025년도 예산안에 관하여 헌정 사상 최초로 국회 예산결산특별위원회에서 증액 없이 감액에 대해서만 야당 단독으로 의결하였습니다.

피청구인이 수립한 주요 정책들은 야당의 반대로 시행될 수 없었고, 야당은 정부가 반대하는 법률안들을 일방적으로 통과시켜 피청구인의 재의 요구와 국회의 법률안 의결이 반복되기도 하였습니다.

그 과정에서 피청구인은 야당의 전횡으로 국정이 마비되고 국익이 현저히 저해되어 가고 있다고 인식하여 이를 어떻게든 타개하여야만 한다는 막중한 책임감을 느끼게 되었을 것으로 보입니다.

피청구인이 국회의 권한 행사가 권력 남용이라거나 국정 마비를 초래하는 행위라고 판단한 것은 정치적으로 존중되어야 합니다. 그러나 피청구인과 국회 사이에 발생한 대립은 일방의 책임에 속한다고 보기 어렵고, 이는 민주주의 원리에 따라 해소되어야 할 정치의 문제입니다. 이에 관한 정치적 견해의 표명이나 공적 의사 결정은 헌법상 보장되는 민주주의와 조화될 수 있는 범위에서 이루어져야 합니다.

국회는 소수의견을 존중하고 정부와의 관계에서 관용과 자제를 전제로 대화와 타협을 통하여 결론을 도출하도록 노력하였어야 합니다. 피청구인 역시 국민의 대표인 국회를 협치의 대상으로 존중하였어야 합니다. 그럼에도 불구하고 피청구인은 국회를 배제의 대상으로 삼았는데 이는 민주정치의 전제를 허무는 것으로 민주주의와 조화된다고 보기 어렵습니다.

피청구인은 국회의 권한 행사가 다수의 횡포라고 판단했더라도 헌법이 예정한 자구책을 통해 견제와 균형이 실현될 수 있도록 하였어야 합니다. 피청구인은 취임한 때로부터 약 2년 후에 치러진 국회의원선거에서 피청구인이 국정을 주도하도록 국민을 설득할 기회가 있었습니다. 그 결과가 피청구인의 의도에 부합하지 않더라도 야당을 지지한 국민의 의사를 배제하려는 시도를 하여서는 안 되었습니다.

그럼에도 불구하고 피청구인은 헌법과 법률을 위반하여 이 사건 계엄을 선포함으로써 국가긴급권 남용의 역사를 재현하여 국민을 충격에 빠트리고, 사회·경제·정치·외교 전 분야에 혼란을 야기하였습니다.

국민 모두의 대통령으로서 자신을 지지하는 국민을 초월하여 사회공동체를 통합시켜야 할 책무를 위반하였습니다. 군경을 동원하여 국회 등 헌법기관의 권한을 훼손하고 국민의 기본적 인권을 침해함으로써 헌법수호의 책무를 저버리고 민주공화국의 주권자인 대한국민의 신임을 중대하게 배반하였습니다.

결국 피청구인의 위헌·위법행위는 국민의 신임을 배반한 것으로 헌법수호의 관점에서 용납될 수 없는 중대한 법 위반 행위에 해당합니다. 피청구인의 법 위반 행위가 헌법질서에 미친 부정적 영향과 파급효과가 중대하므로, 피청구인을 파면함으로써 얻는 헌법수호의 이익이 대통령 파면에 따르는 국가적 손실을 압도할 정도로 크다고 인정됩니다.

이에 재판관 전원의 일치된 의견으로 주문을 선고합니다. 탄핵 사건이므로 선고시각을 확인하겠습니다. 지금 시각은 오전 11시 22분입니다.

주 문

피청구인 대통령 윤석열을 파면한다.

이것으로 선고를 마칩니다.

윤석열의 행위

"피청구인의 행위는 법치국가 원리와 민주국가 원리의 기본 원칙들을 위반한 것으로서 그 자체로 헌법 질서를 침해하고 민주 공화정의 안정성에 심각한 위해를 끼쳤다."

헌법재판소는 윤석열 대통령 행위를 이렇게 규정했다. 재판관 8명 가운데 어떤 재판관도 이에 대한 규정에 토를 달지 못했다. 윤의 행위는 먼지 하나 들어갈 이견이 없이 위법이고, 민주주의 원리와 법치의 근간에 중대한 위해를 끼칠 정도로 위험하다고 판단한 것이다.

대통령 수락 선서 때 했던 다짐을 스스로 무너뜨린 행위라는 점, 45년 전 군사독재 시절 쿠데타의 악몽이 되살아난 운명의 순간이었다. 그러나 대한민국 국민은 뭉쳤고, 정의를 바로 세우고 안전한 길을 만들기 위해 오래 분열하지는 않았다. 마침내 국제사회에 우리의 진실과 저력을 함께 보여주었다.

헌법재판소는 국가 가치와 존재의 최후 보루인 만큼 흔들리지 않았다. 헌재의 심장이 어떻게 돌아가는지도 모르고 밖에서 우리의 가슴만 흔들리고 타들었다. 그리고 우리는 국민이 모두 알고 있는 상식과 가치를 헌재가 확인해 주었음을 확신했다.

헌법과 법률의 자의적 해석으로 권한을 넘어 어떤 권력도 존재할 수 없다는 것을 확인시켜주었다. 결론에 도달하기까지 많은 추측과 억측이 난무했다. 그래서 얻은 결론이라 헌재 재판관 8인의 일치된 결론은 더 가치 있고, 존중받을 가치가 있었다.

윤석열은 대통령의 권력이 하늘을 찌르는 줄로 착각한 모양이었다. 비상계엄이 대통령의 고유한 권한인 것은 맞다. 그러나 그 권한은 어디까지나 한계라는 게 있는 법이다. 윤은 바로 이점을 무시했고, 간과한 나머지 돌이킬 수 없는 길을 걷고 말았다.

누가 판단해도 전시, 사변 혹은 이에 준하는 국가 비상사태라고 말할 수 없었다. 대한민국은 조용하고 평온한 나라였는데 소견이 좁은 고래 한 마리가 잘못 판단한 것이다. 헌법이 정한 한계를 절대 뛰어넘을 수 없는 대통령의 권력, 대한민국의 역사나 지도자들이 길이 기억해야 할 대목이다.

윤석열에게 더는 국정을 맡기기에는 위험이 따른다. 헌법재판소는 국민의 명령을 받들어 그를 위험에서 배척해 파면에 이른 것이다. 계엄이 남긴 대내외적 파장을 생각할 때 차라리 늦은 감이 있지 않나.

가장 눈에 띄는 것이 무장한 군대의 동원이었다. 국회 및 중앙선관위 군경 투입은 명백한 위법이고 위헌이라고 헌재는 명시했다. 그 누구도 다른 말을 할 수 있는 여지조차 없는 무엄한 행위였기에 이런 판단에 이른 것이다. 정치인 체포, 법조인 체포, 명백한 국회 의결권 방해 공작이었다. 이것은 실로 군의 중립성을 침해하고, 선거관리위원회의 독립성을 침해했다.

대통령이 권력을 찬탈하려는 것도 아닌데 어떻게 내란이 되느냐고 항변한다. 하지만 정치적 반대세력을 물리치기 위해 헌법기관을 짓밟는 친위쿠데타가 바로 윤의 행위였다. 이에 대해 헌재는 단호한 심판을 내린 것이다.

우리의 얼룩진 정치사에 정확히 선을 그어 향후 재발하지 않도록 미리 조치한 일면도 있다. 아무리 성공한 쿠데타라도 사후에는 반드시 심판을 받게 되어 있는 법이다. 우리는 민주화의 역사가 기억할 행동을 이끌어냈다.

국민 의식 속에 자유 민주주의의 가치는 더 확고히 각인되고 인식되었을 것이다. 헌재는 특히 그 가치를 언급함에 시민의 저항과 군경의 소극적 임무를 치하했다. 자유 민주주의를 수호하려는 이들 덕분에 우리는 빨리 혼란한 상황을 뛰어넘을 수 있었던 것이다.

우리의 민주주의는 더 단단해졌고, 굳건해졌다. 어떤 세력에도 무너질 수 없는 튼튼한 버팀목이 하나 더 추가된 셈이다. 윤석열 대통령 파면은 개인적으로는 불미스럽고 불행한 일이지만 대한민국 자유 민주주의 수호를 위해서는 당연히 거쳐야 하는 과정이었다.

윤석열은 대화와 타협의 대상을 배제의 대상으로 삼았다는 따가운 질책을 받았다. 질책을 넘어 헌재의 심판을 받은 것이다. 국민이 준 권력을 등에 업고 독선과 독단을 획책한 결과는 참혹할 뿐이다. 자칫 이번 12·3 계엄과 윤석열 파면이 민주당 같은 야당의 승리를 의미하지 않는다는 것을 절대 잊어서도 안 될 것이다.

정치와 행정, 입법과 사법 등은 일방적인 책임과 의무를 지니는 것이 아니다. 어떤 대립과 갈등이 있을 때 반드시 협치가 필요하다. 협치를 하지 못하면 결코 민주주의가 아니지 않겠는가. 탄핵의 절차나 결과를 두고 정치적 공격의 수단으로 삼는 것도 성숙한 행동이나 현명한 선택은 아니기 때문이다.

국가 긴급권 남용

윤석열의 탄핵과 관련해 가장 이목을 집중한 것은 국가 긴급권 남용에 관한 것이었다. 윤은 과연 대통령으로서 긴급권을 사용할 상황이었는지가 핵심이었다. 결론적으로 윤석열은 헌법 재판관 8인 전원일치 인용으로 탄핵당했다. 지난 4월 4일 헌법재판소 재판관 8명은 전원 윤 대통령의 파면을 결정했다. 이로써 대한민국 역사상 2017년 박근혜 대통령에 이어 현직 대통령이 두 번째로 탄핵 되었다.

온 국민은 TV 화면을 보면서 가슴을 졸였다. 국민의 절반 이상이 내란 수괴 혹은 내란 우두머리를 외치며 윤석열이 탄핵 되기를 바랐다. 마침내 오전 11시 22분, 문형배 헌법재판소장 권한대행이 선고 요지를 읽었다. 주문, 피청구인 대통령 윤석열을 파면한다는 짧은 15자의 언어는 대한민국을 놀라게 했고, 요동치도록 만들었다. 문 권한대행이 주문을 읽는 즉시 윤석열은 대통령직을 상실했다. 대한민국의 수치스럽고 아픈 역사 하나가 또 추가된 것이었다.

윤석열은 2022년 5월 10일 취임 이후 임기를 채 3년도 다 채우지 못하고 쓸쓸히 퇴장하게 되었다. 비상계엄을 선포한 작년 12월 3일 이후 122일 만의 일이고, 국회에서 탄핵소추안이 통과된 지 111일 만이었다. 헌재는 정확했고, 심리는 빨랐으며, 선고는 좀 늦었어도 대다수 국민은 헌법재판소를 신뢰했다.

헌법재판소가 눈여겨 본 것은 윤석열의 비상계엄 선포, 군경을 동원한 국회의 활동 방해, 포고령의 발령, 선거관리위원회 장악 시도, 법조인 위치 확인 시도 등 5가지 사항이었다. 헌재는 선고 요지에서 이 모든 항목에서 대통령이 헌법과 법률을 중대하게 위반했다고 판단했다. 헌법재판소(이하 헌재)는 대통령이 야당의 전횡으로 국정이 마비되고 국익이 현저히 저해되어 가고 있다고 인식해서 이를 어떻게든 타개해야 한다는 막중한 책임감을 느꼈을 것으로 본다면서도 대통령과 국회 양측 모두를 질타했다.

민주주의 정부에서 정부와 국회는 협치의 대상이지 대립의 대상은 아니다. 정부와 국회는 대화와 타협을 통해 상호 협치를 이끌어 내려는 노력이 부족했다고 질타했다. 이런 탓에 결국 국가 긴급권을 남용해 계엄을 선포함으로써 국민을 충격에 빠뜨렸다.

정치, 경제, 사회, 외교 등 광대한 분야에 막대한 피해를 입힘으로써 돌이킬 수 없는 역사를 만들었다. 이는 대통령이 국민의 신임을 배반한 것이며, 헌법수호의 관점에서 용납될 수 없는 중대한 법 위반 행위며 헌법 질서를 어지럽혔다.

따라서 파면함이 마땅하다고 일침(一針)했다. 결국에는 헌법의 수호에 대한 이익이 대통령 파면에 따른 국가적 손실을 압도할 정도로 크다며 탄핵 인용의 정당성을 부각시켰다. 윤석열 대통령은 헌재의 선고 인용을 보고, 그동안 대한민국을 위해 일할 수 있어서 큰 영광이었으며, 많은 부족에도 지지와 응원을 주신 것에 감사하다고 소회를 밝혔다.

하지만 거기까지 일뿐, 헌재의 단호한 전원일치 인용에도 불구하고 국민을 향한 사과의 메시지는 내지 않았다. 오히려 항상 자신을 지지해준 국민을 지킬 것이라고 호사를 부렸다. 성숙한 지도자의 모습이나 이미지와는 역시 거리가 멀었다.

그리고 윤석열의 계엄 이후 대한민국은 엄청난 소용돌이에 빠져들었다. 국제정세 역시 안보 및 외교에 있어서 공백을 맞게 되었다. 제2기 트럼프 정부가 일으킨 관세 장벽 같은 통상 전쟁 등을 전혀 예측하지 못했다.

대한민국이란 배는 준비도 없이 엄청난 태풍을 맞아 출렁거리게 되었던 것이었다. 그리고 한덕수 대통령 권한대행 국무총리는 차기 정부가 차질없이 출범할 수 있도록 차기 대통령 선거 관리에 최선을 다하겠다고 다짐했다. 대한민국은 이렇게 또 제21대 새로운 대통령을 맞이할 운명을 맞게 되었다.

45년 전 군사독재 시절에 일으킨 쿠데타의 악몽은 정확히 4개월 만에 막을 내렸다. 우리 국민은 상식과 가치를 함께 확인하였다. 그 누구라도 헌법 위에 군림할 수 없다는 사실을 만방에 확인시켜주었다. 경고성 계엄이니 호소성 계엄이니 하는 말은 그야말로 말장난에 지나지 않음을 입증시켜주었다. 과거 군부의 성공한 쿠데타와 달리 세월이 흐른 뒤가 아니라, 즉각적인 심판으로 질서 있는 퇴출이 이루어진 것이다.

 이번에도 역시 국가와 민주주의를 지킨 것은 시민의 저항이었고, 군과 경찰의 소극적 임무 수행 덕분이었다. 헌재의 결정을 통해 대한민국에 치유의 시간이 시작되었다. 더는 악의 축들이 섣불리 일어서지 못하도록 악의 불씨를 소탕해야 한다. 이번 윤석열 대통령 파면은 여당, 야당의 싸움이 아니었다. 윤석열이 파면되었다고 하여 민주당이 승리한 싸움이 아니라, 민주주의를 지키고자 열망하는 국민과 민주시민이 승리한 것이다.

비상계엄은 내란, 탄핵의 방아쇠

윤석열 비상계엄 선포에 대해 내란으로 규정하는 것은 매우 빠른 결단이었다. 비상계엄이 내란으로 방향을 튼 계기는 홍장원의 진술이 결정적이었다. 홍은 윤석열 대통령의 계엄 당일 취한 행동에 대해 아주 자세하게 진술했다. 내란은 이렇게 결정적 계기를 마련했고, 거침없이 윤을 향해 공격이 시작되었다.

윤석열은 홍장원에게 전화를 걸어 정치인을 싹 잡아들이라고 명령한다. 이 문제를 두고 헌법재판소 심리 중 대립했지만, 결국 윤 대통령이 거짓말하는 것으로 판단했다. 한동훈 당시 국민의힘 대표도 체포 대상이었다.

이 사실이 당일 한동훈에게 전달되면서 탄핵이 급물살을 타기 시작했다. 결국 2024년 12월 14일 탄핵소추안은 국회를 통과했다. 홍장원의 진술이 결국 탄핵의 방아쇠를 당긴 것이었다. 민주주의가 어떻게 작동되는지 세계의 눈이 대한민국을 향했다. 홍장원 국가정보원 1차장이 작성했다는 정치인 체포명단은 확실한 탄핵의 불씨를 지폈다. 핵폭탄으로 치자면 수소폭탄을 능가했다. 정치인 체포 지시는 윤석열이 선포한 비상계엄 해제 요구안 의결을 방해하는 조치로 해석된다. 이것이 헌재 심리 과정 중 치열한 논쟁거리가 되었지만, 이는 결과적으로 상식적인 시선의 판단을 따랐다. 홍장원의 정치인 체포 메모는 처음에 신빙성을 인정받지 못했다. 홍의 진술이 빈번하게 바뀌면서 증언의 신뢰성에 의문을 갖게 되었다. 하지만 진술이 바뀌게 된 것에 대해 그는 병원 입원 중 투약상태에서 일어난 상황이란 점을 들었다. 투약의 상황에서 정확한 답변이 힘들었고, 진술의 일부를 정정할 필요가 있었다는 것이다. 그는 당일 자신의 동선에 대해서도 cctv기록과 일치하지 않는다고 반박을 받았다. 하지만 재판부는 그날 상황을 충분히 이해하여 그의 진술을 받아들였다. 메모의 장소, 실내와 실외의 혼동, 이런 문제에 있어서도 치열한 법리 다툼이 있으나 홍의 진술을 신빙성 있게 받아들였다. 그가 작성한 메모의 버전이 총 4개였는데 가필과 수정의 흔적이 남아 있음에도 재판부는 충분히 증거능력이 있는 것으로 판단했다.

 탄핵에 반대하는 사람들은 탄핵사유서에서 가장 핵심적 내용인 내란죄를 뺀 것을 문제 삼았다. 하지만 내란죄를 빼겠다고 한 이유는 무엇보다 시간 단축 때문이었다. 내란죄를 빼면 헌재 심리 절차를 크게 단순화할 수 있었다.
 헌법재판소의 시계가 빨리 돌아가면 이재명 대표의 재판 일정에 앞서 헌재 심리를 끝낼 수 있다는 계산이 섰을 것이라고 항변하는 목소리가 높았다. 이렇게 가야 조기 대선으로 가서 이재명 대표의 각종 범죄 혐의를 덮을 수 있다는 계산이 따랐다고 했지만, 이는 윤석열 지지세력의 딴지걸기에 지나지 않는 것이었다.

내란, 탄핵의 불씨

윤석열이 제시한 선거 관리 부실의혹, 자녀특채에서 나타난 선관위의 조직적 부패, 사법부와 헌법재판소의 치우친 판결, 사법 카르텔, 터무니없는 민주당의 예산 삭감, 탄핵의 남발로 인한 국정 마비, 간첩 검거 부진에 의한 대한민국 체제의 불안 등을 주된 계엄 선포의 이유로 들었다.

이러한 예를 들어 윤석열은 궁지에 몰리자 계몽령이라 하는 듣도 보도 못한 말을 꺼내, 자신의 불법 내란 행위를 포장하려고 했다. 그러나 헌법재판소는 윤의 이런 변명을 받아들이지 않았다.

비상계엄을 옹호하고 여기에 동조하며 분열을 조장하는 세력이 야말로 내란세력이 아니겠는가. 윤 대통령을 복귀시키려고 많은 이들이 거리로 나왔지만, 대한민국의 민주주의는 굳건했다. 윤석열의 파면은 대한민국 민주주의가 건재함하다는 것을 세계를 향해 똑똑히 보여준 쾌거라 할 수 있을 것이다.

숫자로 본 윤석열 대통령 탄핵심판

 2025년 4월 4일, 대한민국 헌법재판소는 윤석열 대통령의 파면을 선고했다. 이는 우리 헌정사에서 대통령 탄핵이 이루어진 세 번째 사례로, 역사적으로나 정치적으로 큰 의미를 가지는 사건이다. 이 칼럼에서는 숫자들로 윤 대통령 탄핵심판의 흐름과 상징성을 정리해 보려고 한다.

 1은 윤석열에게 불명예스런 숫자가 되었다. 윤석열 전 대통령은 헌정사상 최초로 헌법재판소 탄핵심판에 직접 출석해 진술한 현직 대통령이 되었다. 과거 노무현, 박근혜 전 대통령은 탄핵심판 과정에 직접 출석하지 않았기 때문에, 윤 전 대통령의 출석은 유례없는 장면이었다.

 3 역시 불행한 숫자가 되었는데 윤 대통령은 대한민국에서 국회에서 세 번째로 탄핵된 대통령이다. 첫 사례는 2004년 노무현 전 대통령, 두 번째는 2017년 박근혜 전 대통령이었으며, 두 경우 모두 국회에서 탄핵소추안이 가결되었고, 노무현은 헌재 심판을

통해 업무에 복귀했지만, 세 번째 주인공이 된 윤 대통령은 파면까지 이르게 되었다.

헌법재판소가 인정한 탄핵 사유는 모두 다섯 가지다. △비상계엄 선포의 위헌성 △계엄포고령 1호의 문제 △군·경 동원 계획 △선관위에 대한 불법 압수수색 시도 △정적 체포 계획 등으로, 그중 하나만 인정돼도 파면 사유가 될 수 있었지만, 헌재는 이 다섯 가지 모두를 중대 위헌으로 판단했다.

탄핵심판을 진행한 헌법재판관은 모두 8명이었다. 이 8명의 재판관은 전원 일치된 의견으로 윤 대통령의 파면을 결정했다. 이는 박근혜 전 대통령 때와 같은 '8:0' 만장일치 결과였다.

윤 대통령 탄핵심판의 변론은 총 11차례 진행됐다. 일반 형사재판과 달리 헌재의 탄핵심판은 변론 횟수가 그리 많지 않은 편인데, 이번 사건은 사안이 매우 중대한 만큼 긴 시간 동안 다수의 변론이 이어졌다.

탄핵심판 11번의 변론에 출석한 증인은 총 16명이었다. 이들 중에는 군 관계자, 국정원 인사, 청와대 참모진 등 핵심 인물들이 포함되어 있었으며, 이들의 증언은 헌재의 판단에 중요한 영향을 끼쳤다.

마지막 변론이 끝난 이후, 선고까지는 38일이 걸렸다. 헌법재판소는 심리와 평의, 판결문 작성에 상당한 시간을 들였으며, 단순한 정치적 판단이 아닌 철저한 헌법적 판단을 내렸다는 인상을 주었다.

윤석열 대통령은 마지막 변론에서 67분간 최후진술을 이어갔다. 일반적으로 최후진술은 짧게 끝나는 경우가 많지만, 그는 긴 시간 동안 자신의 입장을 적극적으로 소명했다.

국회가 탄핵소추안을 가결한 이후, 헌재가 파면을 선고하기까지 소요된 시간은 총 111일이었다. 이는 노무현 전 대통령의 64일, 박근혜 전 대통령의 92일보다도 더 긴 기간이었다. 그만큼 헌재는 사안을 심도 깊게 들여다보았다.

2024년 12월 3일, 윤 대통령은 비상계엄을 선포했다. 그로부터 123일 후, 그는 파면을 선고받았다. 계엄령이 선포되었던 그 날부터 탄핵의 그림자는 이미 드리워져 있었던 셈이다.

윤석열 대통령 탄핵심판은 단순한 정치적 사건을 넘어 헌법적, 제도적 경고장이자 대한민국 민주주의의 자정 능력을 확인하는 계기였다. 숫자는 차갑지만, 그 안에는 치열했던 민주주의의 긴 여정이 담겨 있다고 하겠다.

영광과 오욕의 교차점, 윤석열의 정치 여정

윤석열 전 대통령의 파면은 단순한 정치적 사건을 넘어, 한 인간의 극적인 인생 여정을 되돌아보게 한다. 1960년 서울에서 태어난 그는 법조계와 정치권을 넘나들며 한국 현대사의 굵직한 장면마다 등장했다. '강골 검사'에서 '야권 대선 주자', 그리고 결국 대통령에 이르기까지, 그의 삶은 늘 순탄치 않았다. 그러나 그만큼 드라마틱했고, 그 드라마는 이제 비극적 전환점을 맞고 있다.

윤 전 대통령의 이력에서 가장 눈에 띄는 대목은 단연 8전 9기의 사법시험 합격이다. 1981년부터 도전해 1991년에야 합격한 그의 끈질김은 이후 그의 행보를 대변하는 상징으로 자리를 잡는다. 쉬운 길을 마다하고 원칙과 신념을 앞세웠다는 평가와 함께, 그는 고위직의 눈치를 보지 않고 수사하는 강골 검사로 두각을 나타냈다.

그의 이름이 전국적으로 알려진 계기는 국정농단 사건이었다. 박근혜 정권의 몰락을 가져온 이 사건에서 그는 특검팀의 핵심 인물로 활약하며, 정권에 대한 강도 높은 수사를 이끌었다. "사람에게 충성하지 않는다"는 유명한 발언은 그가 어떤 기준으로 행동하는 사람인지 대중에게 각인시켰다. 그리고 그의 신념은 이후 검찰총장 임명에도 결정적 영향을 미쳤다고 본다.

법무부 장관 조국과의 갈등은 윤석열에게 있어 또 하나의 전환점이었다. 조국 일가를 둘러싼 수사를 둘러싸고 검찰과 청와대의 긴장이 극에 달했다. 이것은 윤 총장이 정권과 대립하는 검사라는 이미지를 더욱 굳혔다. 이어진 추미애 장관과의 갈등 역시, 법무부와 검찰 간의 구조적 갈등을 상징적으로 보여주는 사례로 남았다.

정치권 입문은 자연스러운 흐름이었다. 여권과의 지속적인 갈등 속에서 야권의 유력 인사로 주목받기 시작한 그는, 2021년 야권 대선 후보로 급부상하며 정치의 전면에 섰다. 정당 경험 없이 대선 후보가 된 것은 이례적이었지만, 기존 정치권에 실망한 국민들의 기대는 곧 그에게 몰렸다. 결국 2022년 대통령에 당선되며 법조인의 이미지에서 정치인의 이미지로 완전히 탈바꿈했다.

집무실을 용산으로 이전하는 결정을 비롯해, 윤 대통령은 재임 중에도 '비정통'의 이미지를 유지했다. 기존의 틀을 깨는 파격적인 행보는 개혁을 바라는 일부 지지층에겐 신선하게 다가왔지만, 반면 안정과 절차를 중시하는 국민들에게는 혼란으로 비쳐지기도 했다. 국정 운영의 중요한 축인 여당과의 원활한 소통 부족도 정책 추진력에 악영향을 주었다.

무엇보다 여소야대 국면에서 윤 대통령은 뚜렷한 정치적 동력을 확보하지 못했다. 국회에서의 견제, 언론과의 대립, 민심의 분열 속에서 주요 국정 과제들이 지연되거나 무산되었고, 이는 곧 지지율 하락으로 이어졌다. 외교와 안보, 경제 정책에서도 국민적 공감대를 형성하지 못하면서 리더십에 균열이 생기기 시작했다.

영광과 오욕(출처:중앙일보)

결국 그의 파면은 단순한 정권 교체나 정치 보복의 결과만은 아니다. 신뢰를 기반으로 한 국정 운영이 얼마나 중요한지를 보여주는 사례이자, 윤석열 개인의 리더십이 한계에 다다랐음을 상징하는 사건이었다. 국민과의 소통 부재, 절차적 정당성의 부족, 정무적 감각의 미비 등 다양한 요인이 복합적으로 작용했다.

윤석열은 분명히 시대를 대표하는 인물이었다. 검사로서, 정치인으로서, 대통령으로서 그는 많은 이들에게 영감을 주었고 동시에 논란도 불러일으켰다. 파면이라는 결말이 그에게 어떤 의미로 남을지는 시간이 필요하겠지만, 그의 여정은 한국 정치사에서 지워지지 않을 분명한 흔적을 남겼다. 대한민국의 역사는 이를 어떻게 기록할지 먼 미래의 세대들에게 흥미로운 지점이 아닐 수 없다.

역사는 영광(榮光)과 오욕(汚辱)이 교차하는 길 위에 서 있는 자들에 의해 만들어진다. 윤석열 전 대통령의 파면 역시 그가 걸어온 길과 맞닿아 있다. 그의 삶은 끝이 아닌 또 다른 시작일지도 모른다.

탄핵심판 선고일의 긴장감

　윤석열 대통령 탄핵심판 선고일, 주심인 정혁식 재판관은 가장 먼저 출근했다. 주위에는 일촉즉발의 긴장감이 흘렀다. 정 재판관은 입을 닫은 채 경호원의 경호 속에 발길을 재촉했다. 선고일 당일에도 평의가 있어서 평소보다 출근이 빨랐다. 그는 검은색 정장 차림에 넥타이를 매고 단정한 모습이었는데 옷차림에서 어떤 감정도 유추해 볼 수는 없었다.
　김복형 재판관은 취재진을 향해 아침 일찍 목례를 했다. 검은색 정장과 검은색 블라우스 차림이었다. 김 재판관은 특히 카키색 가방을 들고 청사에 들어섰고, 그 가방이 눈길을 끌었다.
　또 눈에 띈 대목은 조한창 재판관의 모습이었다. 조 재판관은 특히 파란색 머플러를 하였는데 허리 숙여 그곳에 모인 사람들을 향해 인사할 때 머플러가 가볍게 흔들렸다. 문형배 헌법재판소 소장 권한대행 역시 검은색 정장을 하고 회색 넥타이를 둘렀다. 특히나 문 대행이 내릴 때는 경호원 4명이 에워싸며 주변을 살폈고,

이날 문형배 대행의 입을 통해 윤석열 대통령 탄핵이 인용될 것이었다.

막판까지 재판관의 일거수일투족에 관심과 주의가 쏠렸음에도 선고 직전까지 그 누구도 향후 벌어질 역사적 운명에 대해 가늠하기 어려웠다. 그날, 재판관 8명은 마지막 평의를 열어 결정문과 선고문을 최종 점검하면서 얼마나 떨렸을까.

박근혜 때와 달리 이렇게 팽팽히 대립한 상황에서 마치 신과도 같은 포고문은 읽기에 두렵지만 신성한 것이었다. 결정문을 낭독하는 문형배 권한대행의 입술이 떨렸고, 어깨도 떨렸다. 그 긴장감은 고스란히 텔레비전 앞에서 중계를 지켜보던 전 국민에게 전해졌다.

탄핵 인용 재판관들

지금부터 2024헌나8 대통령 탄핵 사건 선고를 시작하겠습니다. 어떤 낭독문보다 진지했고, 글자 하나의 음성이 튀어나올 때 사람들은 그 의미를 단박에 알아들었다. 그래서 낭독 채 2분이 지나지 않아 적어도 탄핵 각하나 기각이 어렵겠다는 짐작이 가능하도록 했다. 선고 시작 22분 만에 윤석열 대통령은 즉각 파면되었다.

윤석열 탄핵 심판
– 전원일치 인용이 나오기까지

　서울 종로구 헌법재판소 대심판정에서 열린 윤석열 대통령의 탄핵 심판 선고는 명쾌했지만, 여전히 많은 후문을 낳고 있다. 111일간 달려온 윤석열 전 대통령 탄핵 심판에 대한 헌법재판소의 결론은 재판관 8인 전원일치로 파면이었다. 박근혜 탄핵 때와 달리 38일간 이어진 숙의를 두고 의견 불일치가 깊어졌다는 추측이 난무했다. 그러나 결론은 엇갈리지 않고 만장일치로 인용되었던 것이다.

　4월 4일 헌법재판소는 전원 만장일치로 인용을 선고하고, 이후 공개한 윤 전 대통령 탄핵 심판 결정문엔 탄핵 인용 관련해 소수의견과 별개 의견이 포함되지 않았다. 보충의견 또한 절차적 하자나 불법 혹은 위헌에 관한 내용이 아니라 입법적 제도 개선에 대한 내용이었다.　선고 당일 소수의원과 별개 의견을 포함시키지 않은 것은 주요 심리 대상인 5개 쟁점에 대한 재판관들의 판단이 같았단 의미다. 헌재가 장고 끝에 내놓은 판단을 두고 법조계 안팎에선 재판관 간 이견이 이제야 해소된 것으로 결론을 냈지만, 국민 통합 등을 고려해서 늦춘 것이라는 분석이 교차했다.

검찰 고위 출신 변호사는 전원 일치 의견을 낼 수밖에 없는 사안이라고 주장했다. 워낙 국민들 사이에 치열하게 대립하고 있었기 때문에 만장일치로 몰아가지 않으면 향후 더 혼란이 가중될 우려가 매우 컸다고 판단한 것이다. 탄핵 인용 조건인 중대한 헌법 위반이란 결론이 변론을 마치고 얼마 되지 않아 나온 것으로 판단되지만, 윤 대통령 측이 제기한 절차성 문제를 어떻게 해소할지를 두고 논의가 길어졌을 것으로 판단된다.

당일 선고 요지를 보면 이는 이해할 수 있다. 비상계엄을 선포할 때 윤석열 대통령이 책임자로서의 고민과 책임을 느꼈을 부분에 대해 자극하지 않으려는 기색이 역력했다. 자극하지 않고 그 부분을 받아들이고 이해하려는 태도를 취한 것이다. 이미 처음부터 인용이란 결론이 났을 텐데도 탄핵 반대 세력이 강했기 때문에 그 반대 주장을 설득하고 통합하려는 시도로 인해 선고가 늦어진 것으로 보인다.

서울서부지법 난동사건은 첫 번째 이런 가능성을 보여주는 원인이 되었고다. 둘째는 윤석열 전 대통령 구속 취소에 대한 결정으로 분위기를 진정시키려 하지 않았나 하는 생각이 든다. 여기에 이재명 더불어민주당 대표의 공직선거법 2심 선고를 고려했을 것으로 여겨진다. 이미 윤석열 탄핵 인용으로 결론이 나 있었기 때문에 이 대표 재판에 참여하는 재판관들이 선고 시점을 조정했을 것은 당연한 이치가 아니겠는가.

어떻든 이번 탄핵 재판에 있어서 재판관들의 이견이 어떻게 나왔든 결국 윤석열의 위헌성과 중대성 위반에는 의견의 일치를 보였을 것으로 보인다. 내란 중심으로 논의 시 의견의 대립이 있어도 비상계엄 자체의 위헌성에는 의견을 일치시키는데 다른 명분 같은 것은 존재할 수가 없었던 것이다. 윤석열을 파면한 데 내란이냐 아니냐를 판단한 게 아니라, 위헌이냐 위법이냐를 따졌기 때문에 큰 문제는 없었을 것이다.

전원일치 인용

8인 전원일치였는데 왜 선고가 늦었지 하는 의문이 많았다. 전원일치로 처음부터 결론났다면 늦어도 3월 중순에 선고를 했을 거라고 지적하는 사람도 있다. 하지만 최종적으로 인용 의견이 다수가 되면서 인용에 반대한 재판관들도 헌재 결정의 정당성을 위해서 인용에 무게를 실어줬을지 모른다.

특히 군병력 투입 등 사실관계 인정 여부로 많은 논란이 있지 않았나. 막판까지 전원 일치의 인용을 끌어내지 못했다면 뭔가 인용 반대 재판관이 지적하는 대목을 두고 국민들한테 이해시키려는 타협점을 찾으려고 시도했을 것이다.

그 지점을 필자는 국회 군병력 투입, 의원을 꺼내라고 지적한 대통령의 전화, 국회 다수를 차지하는 민주당의 무리한 탄핵 같은 내용이라고 본다. 이런 내용을 언급해 탄핵 반대 세력의 마음을 달래려는 시도가 있었을 것이라고 생각한다.

윤석열 대통령 탄핵 인용, 헌재 보충의견의 의미는?

 헌법재판소가 윤석열 대통령에 대한 탄핵 심판에서 '인용'이란 결정을 내렸다. 이는 대통령이 더이상 직무를 수행할 수 없다는 의미로, 헌정사에서 매우 중대한 순간이 아닐 수 없다. 이번 결정은 전원일치 인용이었음에도 일부 재판관들이 보충의견을 제시하면서 더욱 주목을 받고 있는 실정이다.

 보충의견 중 눈에 띄는 것은 '일사부재리의 원칙'과 '피의자 신문조서의 증거 채택'에 대한 내용이다. 먼저, 일사부재리의 원칙은 한번 판단이 끝난 사건은 다시 다투지 않는다는 법 원칙을 일컫는다. 일부 재판관은 과거 동일한 사안이 이미 정치적·법적으로 평가되었는데, 이를 다시 탄핵 사유로 삼는 것이 적절했는지에 대해 의문을 제기하는 것이다.

 또 다른 보충의견은 피의자 신문조서를 헌재 심판 과정에서 어느 정도 증거로 삼을 수 있는가에 대한 문제라 할 수 있다. 피의자 신문조서를 탄핵 심판의 증거로 채택해도 되는지 여부에 관한 보충의견은 찬성과 반대 측으로 나뉘었다.

형사소송법을 준용하도록 되어 있는 전문법칙에 따라 탄핵 심판에서 피고인들이 동의하지 않을 경우, 이 같은 조서를 증거로 채택할 수 없다는 비판이 일었다. 재판에서는 원칙적으로 피의자가 직접 진술하지 않으면 그 조서를 신뢰하기 어렵다고 보지만, 헌법재판소는 이번에 이를 일정 부분 받아들였다고 한다.

이에 대해 일부 재판관은 신중해야 한다는 입장을 밝혔으며, 향후 이런 사건이 있을 때는 반드시 이를 살펴야 한다는 교훈을 주었다. 이미선, 김형두 재판관은 '형사소송법상 전문법칙을 완화해서 적용할 필요가 있다는 입장을 보였고, 김복형, 조한창 재판관은 '앞으로는 전문법칙을 보다 더 엄격하게 적용해야 한다'는 의견을 제시했다. 윤 대통령 측에서는 일사부재리 원칙에 위반된다고 주장했다.

이러한 보충의견은 비록 소수의견일지라도, 헌재 결정의 법적 깊이와 균형을 보여주는 중요한 장치라 할 수 있다. 국민들 입장에서는 헌법재판소가 다양한 시각을 포용하며 민주주의 원칙을 지키려 한다는 점에서 의미 있게 다가온다고 하겠다.

이번 탄핵 인용은 단순한 정치적 사건이 아니라, 법과 헌법의 원칙 속에서 진행된 결정이기 때문에 더 의미가 깊을 것이다. 국민이 이 과정을 이해하고 감시하는 것이 민주주의의 중요한 과정이 아니겠는가. 헌법재판소의 보충의견 등도 함께 읽으며 균형 잡힌 시선을 가지는 것이 필요하다고 본다.

파면 순간과 정의에 대한 환호, 민주 붕괴 격분

 그날, 민주주의의 꽃은 활짝 피었을까. 아니면 꽃은 지고 민주주의는 붕괴했을까. 피청구인 윤석열을 파면한다는 헌법재판관의 선고와 동시에 윤석열 대통령 탄핵 심판 선고 결과를 기다리던 찬성 반대 시위대의 희비가 엇갈렸다. 동시에 민주주의의 꽃도 흔들렸다. 분명 피어날 꽃이었지만 흔들렸던 것도 사실이다. 이게 우리가 만난 현재의 역사임을 우리는 냉철하게 받아들여야 한다.

 파면을 외치던 쪽은 환호했고, 기각 또는 각하를 외치던 쪽은 순식간에 얼어붙었다. 광장이 동시에 축제와 공포의 장소로 변했다. 민주주의가 광장에서 흔들리는 모습을 사람들은 지켜보았다. 박근혜 전 대통령 탄핵 당시 네 명의 사망자가 나온 경험을 통해 경찰은 이날 차벽을 몇 겹으로 세워 진공상태의 경비를 유지했다.

 그날, 새벽부터 긴장감이 흘렀지만, 헌재 주변과 광화문, 여의도 국회의사당 일대는 생각보다 차분했다. 바람에 흔들리던 꽃이 차분히 자리를 잡아가는 모습이었다. 민주주의는 그렇게 새롭게 부활하고 있었다.

종로 일대에 기동대 110여 개 부대 7천여 명을 투입했고, 한남동 관저 주변에 30여 개 부대 2천여 명, 여의도 일대에 20여 개 부대 1200여 명이 배치되어 만일의 사태에 대비했었다. 대한민국 민주주의의 진통은 마치 산모의 진통처럼 결국 보람찬 모습으로 되돌아왔다. 한 가정사로 보면 진통 끝에 득남했다는 편이 맞을 것이다.

한남동 관저 탄핵 반대 집회

탄핵 찬성파나 반대파나 그들이 갈망하는 것은 모두 자유 민주주의를 수호하는 일념이었다. 자유 민주주의 수호의 방식은 달랐지만, 이념이 같았기에 결과적으로 꽃은 찬란히 피어날 수 있었을 것이라고 믿는다. 탄핵 찬성 측은 촛불과 맥을 같이 했다. 박근혜 때 탄핵을 찬성했던 것처럼 이번에도 그들은 촛불의 이념으로 윤석열 탄핵을 외쳤다.

  어느 편에 서느냐를 따지는 것보다 그들이 외치는 목소리에 우리는 귀를 기울일 필요가 있다. 이편이든 저편이든 하나같이 정의를 내세웠고, 사필귀정을 부르짖었다. 국민은 희망을 얘기했고, 잔치와 축제를 얘기했다. 대한민국의 민주주의는 어떤 굴곡을 만나도 결코 꺾이지 않을 것임을 보여주었다.

국민의 힘은 누구를 위해 존재하는가

윤석열이 마침내 파면됐다. 그는 지금 국민의 명령 앞에 파면당하고 형사 재판을 받고 있다. 따라서 국민은 승리했다. 무너진 정의를 다시 세우고, 무력해진 헌법의 권위를 회복한 것은 다름 아닌 깨어 있는 시민의 힘이다. 하지만 이걸로 끝난 게 아니다. 불씨는 남아 있다. 더 큰 과제는 지금부터다.

윤석열의 파면은 단지 한 개인의 실각을 뜻하지 않는다. 헌법 질서를 파괴하려 했던 권력의 중심이 무너졌다는 상징이다. 불법, 비리, 권력 남용 같은 것이 우리 사회에 당연한 것처럼 자리 잡을 수 없음을 여실히 보여주는 상식이었다. 공정과 상식이 바로 서는 나라임을 다시 한번 입증했다. 그러나 국민의힘은 여전히 침묵한다. 아니, 침묵을 넘어서 윤석열을 비호하고, 그를 따르던 세력과 여전히 손을 맞잡고 있다. 파면된 대통령이자 1호 당원인 윤석열을 아직도 제명하지 않은 이유는 무엇인가.

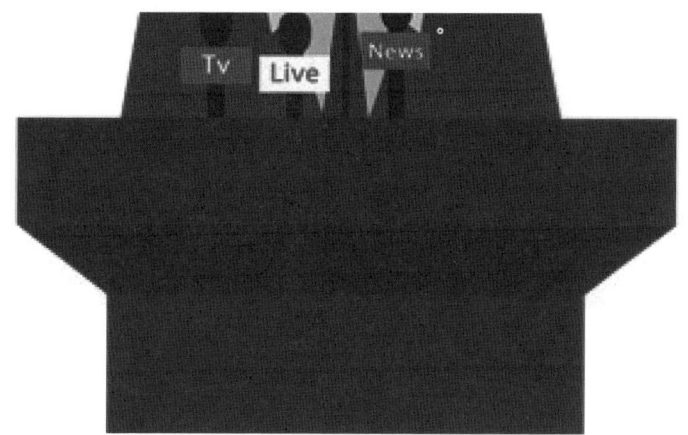

국민의힘 1호당원 윤석열

 윤석열은 대통령직을 사유화했고, 국정을 사적 복수의 도구로 활용했다. 그 결과는 뚜렷하다. 국가 위기를 자초했고, 사회 혼란을 불러왔다. 그것은 헌정 질서를 무너뜨리는 내란에 준하는 행위였다. 그렇다면 여기에 동조하거나 방조한 이들은 어떤 책임을 져야 하는가.

 국민의힘이 진정 공당이라면, 이제 결단해야 한다. 윤석열과의 정치적 연을 과감히 끊어내고, 내란에 동조하거나 침묵으로 방조한 자들을 철저히 징계해야 한다. 그것이 정당으로서 최소한의 책무다. 지금처럼 애매한 거리두기와 모호한 입장표명은 결국 공범을 자처하는 셈이다.

 더 나아가, 윤석열 정권을 지탱했던 언론, 검찰, 일부 재계의 책임도 면밀히 따져야 한다. 민주주의를 무너뜨리는 데 직접적 역할을 한 이들 역시 국민의 심판을 피할 수 없다. 광장의 함성은 단지 윤석열 한 사람만을 향하지 않았다. 거짓과 기만의 구조 전체를 겨눈 것이었다.

이번 사태는 국민이 직접 나서서 이룬 빛의 혁명이었다. 촛불보다 더 맑고, 태풍보다 더 강했다. 시민들은 더 이상 국가의 주인이 누구인지 헷갈리지 않는다. 정치권이 권력을 독점하던 시대는 끝났다. 진정한 주권자는 언제든 나서서 권력을 바로잡을 수 있다는 걸 이번에 보여줬다.

그러나 혁명은 아직 끝나지 않았다. 잔불이 남아 있다. 윤석열과 그를 비호하는 세력, 내란을 방조한 정치인들, 침묵으로 공모한 세력들이 여전히 살아 있다. 이 잔불을 확실히 꺼야 한다. 그렇지 않으면 다시 어둠이 엄습할 것이다.

마지막으로 되묻고 싶다. 국민의힘은 누구를 위한 정당인가. 국민을 위한 당인가, 윤석열을 위한 당인가. 지금이야말로 그 질문에 명확히 답해야 할 시간이다. 진정 국민 앞에 당당하고 싶다면, 윤석열과의 정치적 고리를 단호히 끊고, 새로운 길로 나아가야 한다. 또한 윤석열이야말로 스스로 당에서 물러나는 소신을 보여주어야 하지 않겠는가.

여·야·정 협력으로 국가적 리더십을

 윤석열 대통령은 헌재의 탄핵소추 인용과 동시에 즉시 대통령직에서 파면됐다. 지난 2022년 5월 10일 취임한 후 5년 임기 가운데 3년을 채우지 못하고 물러난 것이다. 불명예스런 퇴진이었다.

 박근혜 대통령이 파면된 이후 8년 정도 되었는데 우리는 또 탄핵으로 대통령을 물러나게 했다. 부끄러운 역사의 기록이 아닐 수 없다. 대한민국 역대 대통령에게 따라붙는 불명예는 하야, 피살, 구속, 자살, 탄핵 등으로 다양한데 왜 이런 안타까운 일이 반복되는지 모르겠다. 트럼프 대통령이 촉발한 경제 전쟁, 관세 전쟁과 러시아 우크라이나가 벌이고 있는 물리적 전쟁은 언제 끝날지 기약이 없다. 윤석열 탄핵 심리 기간 동안 거대 야당의 국회가 한덕수 대통령 권한대행을 탄핵하지 않았더라면 하는 아쉬움도 남는다.

 윤석열 대통령이 비상계엄을 선포한 것도 문제였다. 대낮 해가 똑 떠 있는데 날벼락이 몰아친 모습을 우리 국민은 똑똑히 보지 않았는가. 다행히 발 빠른 국회의 대처로 탄핵소추안이 가결된 것은 천운이었는지 모른다. 비상계엄이 좀 더 길어졌다면 어떤 불상사가 벌어졌을지 생각만 해도 끔찍한 일이다.

비상계엄 선포와 동시에 추락한 대한민국의 위상을 일으켜 세워 무너진 국격을 다시 일으켜 세우는 일은 결코 쉬운 일이 아니다. 한번 무너진 품위를 제자리까지 끌어올리는 데는 몇 배의 노력이 필요한 법이다. 일으켜 세우는 것은 엄청난 시간과 에너지가 필요하지만, 무너뜨리는 것은 일순간에 쉬운 것이다. 그럼에도 다행인 것은 12·3 당일 의사당으로 모여든 의원들 손으로 비상계엄에 대한 효력정지를 이끌었다는 점이다. 또한 12월 14일 여당의원 일부가 참여한 가운데 204명의 찬성으로 탄핵소추안을 가결하고, 헌법재판소의 심리가 시작되었다는 점이다. 그리고 화룡점정인 것은 비상계엄 111일, 변론 종결 38일만에 탄핵소추가 합당하다며 인용된 것이다.

이런 모습을 보면서 역시 대한민국은 저력이 있는 나라임을 느꼈다. 이번 일을 계기로 대한민국은 더욱 단단해졌고, 세계의 눈을 통해 우리의 민주주의가 굳건하고, 흔들리는 정치 체제에서 갈등을 겪고 있는 나라의 국민에게 용기와 가능성을 갖도록 하는 계기가 되었던 것이다. 헌법상 비상계엄(제77조)은 '전시·사변 또는 이에 준하는 국가비상사태'에 선포할 수 있지만, 윤 대통령은 '야당의 입법폭주와 부정선거'를 비상사태로 보고, 합법적 발동

이라고 했다. 심리과정에서 "경고성 계엄" "계몽령"이라는 주장도 펼쳤다. 그러나 이런 윤의
주장은 황당한 억측이었다.

윤석열 탄핵 찬반 시위

헌재는 비상계엄의 범위를 무엇보다 엄격하게 판단했다. 계엄을 선포하더라도 정부와 법원에 한해서만 조치를 취할 수 있다고 못을 박았다. 그런데 윤석열은 국회와 중앙선관위에 계엄군을 투입했다. 완전무장을 하고 국회에 난입한 계엄군들을 우리 대한민국 국민은 안방에서 텔레비전을 통해 똑똑히 목격했다.

누가 생각해도 이런 행동은 위헌·위법이라고 판단하지 않겠는가. 이건 어렵고 난해한 법을 떠나 상식적 차원에서 판단 가능한 일이다. 국회 및 정당의 활동을 금지하는 것은 심각한 민주주의의 억압이다.

국회, 정당 활동을 금지하는 포고령은 정말 사변이나 전시에 이루어지는 것이다. 따라서 헌법재판소는 국회와 정당의 활동을 금지한 포고령이 대통령직을 파면할 정도의 중대한 기본권 침해로 판단하지 않았는가. 윤석열 체포를 향해 대립한 세력 간 싸움을 우리는 목격했다. 치열한 공방전을 치렀고, 결국 대통령을 파면했다. 결과적으로 정의롭게 흘러간 역사가 되었지만, 떳떳할 역사는 아닌 것이다. 국민끼리 살기 아니면 죽기 식으로 대결한 것도 반성할 일이다. 법원에 침입해 유리창을 깨고 일순간 무법천지 같은 모습을 보여주었다. 이런 모습을 뉴스를 통해 국제사회는 고스란히 지켜보았다. 우리의 위상은 분명 추락했다.

이제 리더십을 보일 때이다. 대통령 개인의 리더십이라기 보다 국민적 리더십이 필요할 때인 것이다. 6·3 대선을 기점으로 우리는 더는 분열하면 안 된다. 새 정부의 탄생을 진심으로 축하하고, 이제 절대적으로 지지할 것이다. 탄핵 찬반 치열한 싸움은 이미 과거의 일이다. 대한민국의 통합과 발전에 집중해야 할 엄중한 시기인 것이다.

제3장 윤석열의 궤변과 실정

윤석열의 입은 어떻게 욕설을 달고 나왔나?

　윤석열 전 대통령 치욕의 기록으로 남을 바이든 대통령 사이의 욕설 파문은 대한민국은 물론 전 세계를 경악시키고 남았다. 윤석열의 국제무대 비속어 논란 즉 욕설 파문은 어떻게 일파만파 퍼졌을까.

　채 3년도 채우지 못하고 윤이 탄핵당하고 보니, 더욱 분명해지는 그의 추레한 인격을 엿볼 수 있다. 정말 불행한 일이지만 우리는 이를 숨길 수는 없다. 2022년 9월 22일, 윤석열 대통령은 미국 뉴욕에서 열린 글로벌 펀드 행사에 참석한 뒤 박진 외교부 장관과 대화를 나누다 문제의 발언을 했다.

　시간은 한국 시각 오전 6시 10분쯤이었다. 이런 장면은 현장에 있던 순방 공동 취재단의 카메라에 고스란히 담겼는데 6시 28분부터 각 방송사에 송출되었다. 전 국민에게 윤 대통령의 상식 이하 인품을 적나라하게 보여준 미스터리 사건 중 하나로 기록된 것이다.

윤석열의 입, 욕설

 MBC를 비롯한 방송사 기자들은 오전 7시 40분쯤 해당 영상을 확인하던 중, 비속어로 추정되는 발언을 발견한다. 기자들 사이에서 이 내용이 빠르게 퍼지기 시작했고, 현장에 있던 대통령실 직원도 직접 영상을 확인한다. 영상기자단과 신문기자단은 서로 내용을 확인하며, 순방 취재단 내부에서 동시에 이 사실을 공유하게 된다.

 곧이어 국내 정치부 기자들의 단체 채팅방으로 이 내용이 퍼졌고, 이를 통해 국회 출입 기자들과 정치권 인사들도 빠르게 상황을 파악하게 된다. 보도가 나오기 전부터 이미 많은 사람들이 내용을 알고 있었던 셈이다.

 이 논란은 단순한 실언이 아니라, 대통령실의 해명 방식, 언론 대응, 그리고 외교적 파장까지 겹치며 큰 이슈가 됐다. 순방 외교라는 중요한 무대에서 나온 발언이 어떻게 국내 정치에까지 영향을 미쳤는지를 보여주는 중요한 사례라고 할 수 있다.

대통령실의 비보도 요청 및 SNS를 통한 확산

대통령과 일정을 같이 했던 영상기자단은 당일 윤 대통령 일정을 쫓느라 영상 체크를 하지 못했다고 한다. 해당 발언이 문제가 되리라고는 아무도 상상하지 못했다. 이 영상 확인은 7시 40분쯤 대통령실 대외협력단에서 시작되었다. 이 과정에서 문제가 발견되었다. 당시 이들은 국회에서 이 새끼들이 승인안 해주면 바이든이 쪽팔려서 어떻게 하나로 해석했다. 쉬운 우리 말을 가지고 전 국민이 청력 듣기 테스트를 하게 되는 순간이었다.

대외협력단은 우선 이 사실이 보도되지 않도록 어떻게 해달라고 요청했다. 하지만 영상기자단은 협력단의 요청을 받아들이지 않았다. 당시 기자단 측에 따르면, 이 발언의 보도 유무는 각 방송사 자체에서 판단할 것이라고 밝혔다.

MBC에 따르면 윤 대통령 욕설 관련한 내용이 급속히 퍼지고, 기자들이 맥락과 경위에 대한 설명을 요청했다고 한다. 이에 대통령실에서는 오전 9시쯤 공식 석상이 아니었고, 오해의 소지가 있는 데다 외교상 부담이 될 수 있다며, 대통령실 기자들에게 비보도 요청을 했다고 한다. 하지만 대통령실 기자단 간사는 이를 거절했다고 밝힌 바 있다. 윤석열의 욕설 발언이 유출된 이후 대통령실은 이미 윤석열의 발언이 문제시될 것을 기자단보다 먼저 알았다. 그래서 이를 막기 위해 기자단에 접촉한 것인데 문제가 심각한 양상을 띠면서 대통령실은 외교적으로 별문제가 되는 발언이 아니라고 해명했다. 사후에 이는 대통령실이 거짓말한 것임을 자인하는 꼴이 되었다. 별문제가 아니라고 판단했다면 왜 비보도 요청을 했는지 일의 앞뒤가 모순된다고 하겠다. 이후 기자단 단톡방에 올라온 메시지의 캡쳐본이 외부로 유출되었고, 인터넷 커뮤니티로 일파만파 커진 상황이었다. 여기서 말한 비보도 건은 이후 mbc 라디도 김종배의 시선 집중에서 다뤄지게 되었다. 윤석열의 욕설 발언은 당일 오전 9시경부터 녹취내용과 영상 클립이 메신저나 SNS를 통해 급속도로 확산이 되고 있었다. 민주당의 모 의원은 그로부터 며칠 후에 직접 방송에 출연할 정도였다. 민주당은 윤 대통령의 막말 사고, 라고 지칭하며 욕설 발언을 문제 삼았다. 이런 대한민국의 상황은 국제 뉴스의 밥상에도 뜨겁게 올랐다.

  이들은 한결같이 윤석열 정부를 모독했고, 비하시키려고 혈안이 되어 있었다. 윤 대통령의 부족한 인품이 덫을 걸려는 세력에게 제대로 발목을 붙잡힌 상황이 되어버렸다. 이때부터 윤석열 정부에 대해 불안하게 보는 시선이 급속도로 늘어나기 시작했다.

윤 대통령 비속어 논란, 막으려다 더 커졌다

 윤석열은 차라리 자신의 잘못을 인정하는 편이 나았을지 모른다. 영상이 다양한 경로로 퍼지고 있는데 윤은 딱히 체면이 서지 않아 전면에 나서지 못했다. 어떤 변명을 늘어놓아도 욕설이란 점에서 자유로울 수는 없을 것이기 때문이었다.

 문제의 발언은 언론 보도보다도 훨씬 이른 시점부터 관계자들 사이에 발 빠른 수 싸움과 힘의 각축전이 되었다. 결론적으로 급속도로 퍼진 상황에서 이를 막으려던 대통령실은 더 큰 논란을 불러온 셈이 되고 말았다.

 지금 윤석열이 탄핵당한 처지를 생각하면 당시 국격을 추락시킨 막말 파문은 그 서막이 되었다고 해도 틀리지 않을 것이다. 그것은 결코 순간의 잘못, 우연이 아니라 그의 인품 자체가 국가를 품고 대한민국을 대표하기에는 역부족이었다는 점을 기억할 필요가 있다.

엠바고 및 언론의 영상 공개

 9월 22일 오전 10시경, MBC 뉴스 유튜브를 통해 가장 먼저 방영 되었다. 언론사 중 엠비시 유튜브 방송이 가장 빨리 공개했다. 이를 계기로 KBS, SBS, YTN, JTBC 등 지상파 방송 뉴스 등으로 퍼졌다. 대한민국이 어질어질할 정도로 윤의 욕설 파문은 혼란스러웠다. 우리는 이때 장차 윤의 정치 역정이 순탄치 않을 것임을 예감했던 것이다. 저녁 메인 뉴스 시간에는 온 나라에서 이 문제를 밥상머리에 올릴 정도가 되었다. 심층 보도 역시 여러 채널에서 편성이 되었을 정도였다.

당시 이 영상은 엠바고를 지정 받았다. 엠바고란 쉽게 말해 특정 시간 즉 정해진 시간까지 보도를 하지 않는다는 조건을 지키는 것이다. mbc는 엠바고를 30분 정도 넘겨 보도를 했다고 한다. 그러나 언론사 중 가장 먼저 보도를 냈다는 이유로 집중 포화를 받았다.

대통령실에서 자제해 달라는 요청이 있었지만, 이후 눈치를 보던 방송사 및 신문사들도 속속 보도를 시작했다. 윤석열 정부에게 악재가 되었을 보도로 인해 엠비시는 이른바 괘씸죄로 낙인 찍힌 것이었다. 윤석열 정부와 mbc와의 악연이 비롯한 계기이기도 하다. 엄청난 시청자들이 보도를 통해 윤석열 대통령의 음성을 들을 수 있었다. mbc가 처음 규정한 대로 대부분에 방송사들이 같은 맥락으로 따라 했다. 나름의 확인을 통해서 보도를 한 것이었지만, 다른 방송사들 역시 같은 맥락으로 받아들이고 보도를 냈다.

다음날부터 대한민국 국민들은 듣기 연습을 시작했다. 한번 듣고, 또 한 번 듣고 제발 윤 대통령 말이 바이든을 향한 욕설이 아니기를 바랐을 것이다. 말이란 한번 입에서 떠나가면 쏟아진 물처럼 주워 담을 수가 없듯 어떤 방식으로도 만회하기 어렵게 되었다. 윤석열 대통령 파면의 단초(端緖)가 어쩌면 이런 데서 비롯되었을 수도 있다.

욕설 해명 논란

대통령실은 해명을 하느라 진땀을 흘렸다. 논란이 터지고 15시간이 지난 다음 날이 되어서야 대통령실은 윤석열 대통령의 비속어 논란을 해명하기 바빴다. 해명인즉, 비속어 논란에 해당하는 특정 어휘가 미 의회를 향한 게 아니라, 우리 국회를 향한 얘기였다고 부실한 해명을 내놓았다.

바이든으로 해석되는 단어도 자세히 들어보면 '날리면'이 맞다고 주장했다. 이때부터 국민들은 스스로 자신의 청력을 의심했다. 난데없는 청력 테스트를 받게 한 셈이었으니 대통령 하나 잘못 뽑은 실수가 참으로 황당한 상황을 연출한 것이었다. 웃픈 현실 웃지만 정말 슬픈 현실이 아닐 수 없었다.

국회에서 이 새끼들이 (오늘 약속한 공여금을) 승인 안 해주고 (예산안을) 날리면 (내가) 쪽팔려서 어떡하나, 이렇게 발언한 것이라고 변명했다. 하하하, 절로 웃음이 나오는 대목이 아닐 수 없다. 대한민국 국회를 향해 대통령이 내뱉은 욕설을 애교로 들어달라는 구걸이 분명했다. 사실 윤은 이때부터 자질이 없음을 자인한 셈이었다.

정말 그렇다면 대통령이란 자가 국민의 대표 격인 국회를 향해 이런 모욕적인 언어를 사용해도 된다는 말인지 우리는 뒤통수를 두 번 얻어터진 꼴이 되고 말았다. 일국의 대통령이 이런 비속어를 사용한다는 자체가 세계를 향해 대한민국 국격을 대놓고 떨어뜨린 처사가 되고 말았으니 오늘날 윤의 파면은 어쩌면 정당한 수순이었을지도 모른다.

대놓고 한 게 아니라 뒤에서 사적으로 한 것이니 너그럽게 봐달라고 말하는 사람들도 많았다. 하지만 대통령이란 자리가 그렇게 만만할 정도로 쉬운 자리가 아니지 않은가. 이새끼들이 비속어란 것을 초등학생도 모르지 않는다. 우리 아이들의 눈에도 대통령이란 자리가 얼마나 우습고 가볍게 비쳤을지 상상하면 머리카락이 뾰족 선다.

이새끼들은 누가 봐도 심한 비속어이고, 만약 바이든 대통령에게 욕설을 한 게 아니라면 중대한 공식 석상에서 한 나라의 대통령, 그것도 가장 우방이며 세계의 대통령이라 할 수 있는 현직 미국 대통령을 그냥 바이든이라고만 칭해버린 것 자체가 실수가 아니겠는가. 바이든이 쪽팔린다는 말은 우리 역사 속에 두고두고 회자 될 내용이 되었다.

먼 훗날, 우리 후손들이 이런 문장을 가지고 시험을 치르는 장면을 상상하면 이거 대체 부끄러워 어떻게 살 수 있단 말인가. 아직 공식 행사가 끝난 것도 아니고, 공식 석상을 유지하고 있는 상황에서 벌어진 일이니 가슴을 치고 후회한들 입에서 **빠져나간 말**

을 무슨 수로 주워 담을 수 있다는 말인가. 말이란 사불급설(駟不及舌)처럼 빠르다. 바람보다 빠르며, 네 필의 말이 끄는 수레보다 빠른 법이다. 이것은 누구를 원망하고 탓할 것도 아니다. 평소 윤 대통령의 인품 수준이 딱 거기까지인 것이다.

외교 무대는 전쟁터와 같다. 고도의 전략, 전술이 필요하고 고도의 이미지 전쟁을 치러야 하며, 외교적 수사가 난무한 정글의 세계라고 보는 사람들이 많다. 향후 이런 사례가 절대 반복되면 안 되는 이유이다.

윤석열은 이후에도 휴가 중이라는 이유로 미국 하원의장을 만나지 않았다. 엄청난 실수며, 외교적 결례를 저지른 것이다. 윤은 이렇게 자질이 없고 모자란 사람이었다. 대통령 선거 때 윤에게 열광한 자들이 얼마나 많은가. 부끄럽고 또 부끄러울 뿐이다. 윤의 이러한 태도는 외교적 측면에서도 엄청나게 미숙하다는 것을 보여준 대표적인 사례가 아닐 수 없는 것이다.

추가 논란

차라리 잘못을 인정하고 사과와 용서를 구했더라면 어땠을까. 윤석열 대통령은 이번 탄핵 이후에도 국민을 향해 사과 발언 자체도 없었다. 검찰이란 공직에서 너무 오래 있었기 때문에 이런 습성이 들었는지 예상하는 것도 조심스러울 뿐이다. 모든 검찰이 다 그렇게 행동하지는 않을 것이기 때문이다.

그랬더라면 차라리 해프닝으로 끝나지 않았을까. 공식적인 외교적 발언은 아닌데 정말 잘못했다, 앞으로 언행을 정말 조심하겠다. 이렇게 겸손하게 나왔더라면 국민은 야유보다 더 격려를 주었을지도 모를 일이다. 변명을 하다가 보니 타지 않을 장작에 기름 붓는 격이 되고 말았던 것이다.

윤석열의 失政 _ 그는 무엇을 파괴했나

국가에 대한 신뢰를 파괴

국가의 본질이 무엇인가. 나라의 재해를 예방하고 그 위험으로부터 국민을 보호하기 위하여 노력하는 게 우선이다. 대한민국 헌법 제34조는 국민의 생명과 안전을 지키는 것은 국가의 헌법적 의무라고 규정하고 있다.

채 상병의 죽음과 이태원 참사는 국가가 국민을 보호하기는커녕 위험으로 몰아넣은 사례임에 분명하다. 해병대는 무리한 수색 작전을 강요해 꽃다운 나이의 젊은이를 죽게 했고, 또한 이태원 참사는 경찰이 용산 대통령실 경호에 온 정신이 팔려 기초적인 질서 유지 의무를 하지 못했다. 세계에 부끄러울 거리에서 짓눌린 유례없는 사고였다. 윤석열 정부가 참사의 주체이자 원인 제공자라고 할 수 있다.

윤석열 정부는 반헌법의 극치를 저질렀다. 참사 발생 이후 정부와 대통령실이 보인 행태는 책임을 회피하려고 사건을 축소하는 데 혈안이 되어 있다. 채 상병 사망 사건에 직접적인 책임이 있는 해병대 사단장을 수사 대상에서 제외하려고 대통령실이 개입한 면을 보면 국민의 대통령이라는 게 의심스러울 뿐이다.

핵심 피의자인 이종섭 전 국방부 장관을 호주대사로 빼돌린 것은 헤프닝도 이런 헤프닝이 없다. 호주 국회에서도 이 문제에 반발했다. 국제적 비웃음거리로 전락시킨 것이다. 윤의 행태는 왜 반국가적이고 반국민적 행태가 되었을까. 애초 그는 대통령 자질이 없었던 것이다. 윤은 국가와 국민에 대한 배신을 저질렀다.

공무원의 정치적 중립 의무 위반

윤 대통령은 처음에는 국민에게 뭔지 보여줄 것 같았다. 그러나 그에 대한 믿음을 정말 오래가지 못했다. 총선 전 24차례의 민생 토론회를 강행했는데 이게 사실상 선거에 개입한 형국이 되고 말았다.

민주당 등 야당과 시민단체가 관권선거라며 비판하고 고발했다. 그러자 중단하겠다는 약속을 하더니 후속조치 점검회의를 만들어 재차 강행했다. 헌법 제7조 및 공직선거법 제9조는 공무원의 정치적 중립의무를 규정하고 있다. 이 규정을 보란 듯이 조롱한 것이다. 대통령은 헌법과 법률의 수호자다. 그런데 헌법과 법률을 무시하고 짓밟았다. 국가의 존립 기반을 흔드는 반국가적 폭력을 자행했다.

법치주의 파괴

윤석열 정부에게 헌법과 법률은 무시해도 되는 대상이었다. 이런 일들이 마치 일상처럼 일어났다. 검찰은 영장 범위를 벗어났고, 압수 자료마저 폐기하지 않았다. 원칙은 아예 무시당한 셈이다. 그러면서 대검찰청 예규에 따랐다고 발뺌했다. 노골적인 도둑놈 심보를 보여준 것이다.

우리 헌법은 수사기관이 강제력을 행사할 때 법원이 발부한 영장에 의해서만 할 수 있도록 명시하고 있다. 영장에 적시되지 않은 자료는 압수해서는 안 된다. 또한 보관해서도 더욱 안 되는 것이다. 그런데 법률의 하위 규정인 시행령보다도 더 아래에 있는 자체 예규로 헌법을 흔들고 있었던 것이다.

윤석열 정부에서 대검찰청이란 데가 헌법 위에 존재한다고 생각하는 모양이었다. 검찰의 무도함이 하늘을 찌른 예라고 생각한다. 정치 전문가들 말을 빌리면 윤석열 정부는 법률기술자들의 정부라고 할 수 있다. 알량한 법률 지식으로 법치주의를 파괴하고 있었기 때문이다. 다시는 이런 정부가 들어와도 안 되고, 이런 행동을 허용해서도 안 될 것이다.

정치 분야 파괴

윤석열 정부에게 여당인 국민의힘은 하수인에 다름 아니었다. 그리고 민주당 등 야당을 무시하고 압박할 수 있는 대상으로 인식했다. 윤은 거부권을 한없이 남발했다. 윤의 빈번한 거부권 역시 비난받아 마땅한 것이다.

윤석열이 이준석 전 국민의힘 대표에게 내부총질 하는 당대표라고 비난의 포를 날렸을 때 윤을 알아보았다. 저분은 대통령 자질을 갖추지 못했다고 판단했다. 그리고 그 판단이야말로 이제와서 생각해보니 적중했다.

윤은 대통령 직책을 사악하게 사용했다. 정당한 절차는 무시되었고, 압력이 법과 규칙을 무시하는 수단이 되었다. 이런 권력의 남용은 아내 김건희에게도 전가되었다. 문재인 정부 청와대 감찰반원이던 김태우를 사면할 때 향후 큰 문제를 저지를 사람임을 확신했다. 김태우를 강서구청장 보궐선거에 공천해 참패를 당하지 않았나.

행정부 수반이 야당 대표를 아예 외면했다. 이것은 민주주의 자체를 부정한 처사다. 윤석열이 이재명 대표를 2년이나 만나주지 않았다고 한다. 또한 수없이 반복한 거부권. 국민의힘이 마치 수하의 당이라도 되듯 맘대로 부려먹었다. 민주당은 탄압과 무시의 목표물이 되었다. 정치사에 일어나선 안 되는 일이 발생한 것이다.

외교에서의 참담한 추락

　윤석열 정부는 외교만큼 자신한다고 호언장담했다. 하지만 1기 출범부터 미·일 편중외교를 시작했다. 지정학적인 긴장을 유발했고, 불필요한 대결을 자초한 방향으로 흘렀다. 미, 일을 중심에 두고 정작 독창적인 외교로 삼아야 했던 중국 및 러시아를 자극했다.

　정치 전문가들 입에서 미국과 일본에 굴종적 외교를 하고 있다는 비판을 받았다. 2022년 9월 미국을 방문한 윤석열 대통령은 바이든 대통령과 정상회담을 기대했다. 하지만 실제로는 48초 스탠딩 환담이라는 수모를 당했다. 바이든 날리면 사태 이후에 벌어진 외교적 참사가 되었던 것이다.

　강제동원 배상 문제에서는 일본 편을 들었다. 비난이 들끓었는데 이는 미국의 압력으로 판단된다. 후쿠시마 오염수 방류에 대해선 한마디도 싫은 소리를 못했다. 오히려 일본 정부보다 더 찬성 논리를 내세웠다. 국민은 의아한 눈초리로 윤석열을 바라보기 시작했다. 국민은 그때부터 삐딱선을 탄 윤석열 정부라고 인식하기에 이르렀다.

　부산 엑스포 유치가 찬성 9부 능선을 넘었다면서 막상 뚜껑을 열어보니 허황된 거짓으로 밝혀졌다. 사실 부산 엑스포는 가능성이 작아 부산시도 손을 놓고 있던 사업이었다. 하지만 윤석열은 허황된 자신감을 내세워 무모하게 밀어붙였다.

  결국 참패했고, 국민은 윤석열 정부를 이제 믿을 수 없는 정부로 낙인찍었다. 예상 밖의 큰 차로 탈락한 모습을 대한민국 국민은 생중계로 지켜보았다. 사우디에 패하면서 국제적 망신을 사게 되었던 것이다. 새만금 잼버리 대회까지 엉망으로 치러 세계적인 망신을 샀다. 윤석열 정부의 외교는 무너졌다. 국격은 있는 대로 추락했다. 지금 생각해보면, 이게 윤석열 정부 파면의 시작이었는지 모른다.

재정 및 경제의 파괴

  윤석열 정부를 신자유주의 이념의 신봉자라고 비난하는 경제전문가들이 많았다. 그는 무리하며 공격적인 부자 감세를 시행했다. 당시 한 해 감세 액수가 56조에 달했다고 한다. 역대 정부 가운데 최대의 세수 펑크를 기록한 것이다. 취임 첫해는 물론 해마다 엄청난 세수 펑크를 기록했다고 한다.

  신3고, 라는 신조어가 생겼다. 고물가, 고금리, 고환율, 사상 최초로 실질임금이 윤 정부 들어와서 연속적으로 줄었다고 한다. 대파 한 단에 875원이면 합리적이라는 망언을 뱉어 대파 망언이란 웃지 못할 해프닝까지 만들어낸 정부가 윤석열 정부 아닌가.

미래의 붕괴

　대통령실 이전으로 생돈 몇백억 원을 사용했다. 그리고 외교 분야에 심혈을 기울이겠다며 해외 순방에 펑펑 세수를 사용했다. 그러면서도 연구개발에는 최대로 절약했다. 미래의 자산인 과학자들이 범죄집단 취급을 받았다. 그들의 사기(士氣)는 바닥에 떨어지고, 미래를 준비하는 자들의 미래가 하루아침에 먹구름이 끼게 되었다. 이런 후유증은 언제 어떻게 치료가 될지 장담하기조차 힘들다는 것이다.

　문재인 정부의 역점 사업이 윤석열 정부에서는 천대를 받은 사업이 되었다. 재생에너지와 탄소 중립이 타격을 입었다. 예산을 늘려도 시원찮을 판에 예산을 깎았다. 이는 세계의 상식적 흐름에 정면으로 역행하는 것이었다.

　재생에너지를 100% 사용하는 RE100 사업이 매우 중요한데 윤석열은 이를 완전히 무시했다. 유엔 인권위회에서는 기상이변에 대응, 각 나라로 하여금 연평균 대기 온도 상승 폭을 1.5도로 제안하고 있다. 이런 상황에서 윤석열의 정책은 세계적 흐름에 정면 배치되었다. RE100은 통상에 있어서 무기와 같다. 철저히 대비했어야 함에도 이를 무시하여 결국 국가와 국민에게 피해를 안긴 상황이 되었다.

유의 파괴, 가장 소중한 1차적 인권 침해

　입을 틀어막는다는 것은 심각한 언론의 자유를 침해한 것이다. 언론의 자유, 표현의 자유 등은 가장 기본적인 1차적 자유가 아닌가. 윤석열 정부는 카이스트 졸업장에서 졸업생의 입을 틀어막았다. 또한 회칼 테러라는 신조어도 만들어냈다. 이런 문제들이 발생해 총선을 엉망으로 만들었는데 결국 민주당에게 다수당을 이루도록 도와주는 꼴이 되었다. 정권에 비판적인 언론을 향해 제재를 퍼부었다. 5공화국에서나 할법한 일들을 윤석열 정부는 망설임 없이 자행했다. 방송사를 압수수색하고 구속영장을 남발했다. 유엔 인권위원회는 대한민국을 독재화가 진행 중인 국가로 분류했다고 한다. 슬픈 일이며, 비난 받아 마땅한 일이 아닐 수가 없다.

공정과 상식의 파괴

　윤석열은 처음 출범 시 공정과 상식을 표방했다. 그리고 자유와 연대를 국가의 기조로 삼겠다고 강조했다. 윤이 대통령이 되면서 검찰이 살아 있는 권력이 되었다. 김건희와 관계 있는 도이치모터스 주가 조작 사건의 공범들이 모두 법의 처벌을 받았지만, 김 여사는 조사조차 하지 않았다. 공정은커녕 상식조차 통하지 않은 시대가 되었던 것이다.

　지금 윤석열이 파면되고, 검찰의 문제점이 불거진 마당에 검찰의 수사와 기소가 필연적으로 분리되어야 한다는 말이 설득력을 얻고 있다. 윤은 검찰을 믿고 공정과 상식을 내세우며 뒤에서는 불법과 비상식을 자행했다. 공정과 상식이란 국가의 가치를 정면으로 배반한 정부가 바로 윤석열 정부였던 셈이다.

의료환경의 파괴, 환자들의 전쟁터

　윤석열 정부의 의료분쟁은 의대 정원 증원을 둘러싼 갈등에서 비롯되었다. 윤이 시작한 의료분쟁은 그가 탄핵 파면된 이 순간에도 계속되고 있다. 후유증의 고통은 만만치 않다. 여전히 계속될 의료분쟁, 환자와 의료 종사자의 고통이 심했다. 의료계화 정부의 갈등이 최고조에 달했다.

의료분쟁의 주요 내용과 일정

　대한민국에서 의대 정원은 오랜 세월 묶여 있었다. 18년 동안 단 1명의 학생 수도 늘리지 못했다고 한다. 증원의 필요성은 알았지만, 의사들의 저항이 너무 컸기 때문이다. 윤석열 정부 들어와서 윤은 강제적으로 몰아붙여 의대 정원을 2천 명까지 늘리겠다고 발표했다.

수련의와 전공의들의 집단 진료 거부가 이어졌다. 의료계는 정부의 정책을 반박했다. 당장 의료정책을 중단하고 의료계와 대화에 나설 것을 촉구했다. 하지만 윤석열 정부는 아무런 해결책도 제시하지 못하고 차기 정부에게 짐을 물려준 채 물러갔다.

대통령의 무게와 책임
윤석열 대통령 탄핵 사태를 바라보며

　윤석열 전 대통령은 비상계엄 선포로 인한 탄핵 인용으로 우리 헌정 사상 부끄러운 역사를 추가하고 말았다. 명태균 게이트로 알려진 공천 개입 정황, 해병대 채상병 사건에 대한 수사 외압 의혹, 그리고 각종 권력형 비리 의혹이 연이어 불거지며 국정 운영의 정당성이 흔들렸다. 그리고 그 파장은 정치권 전반은 물론 국민적 분노와 실망으로 번지고 있었다. 그런 와중에 윤석열 대통령은 극단적 처방이랄 수 있는 비상계엄의 칼을 빼 들었던 것으로 보인다.
　그리고 결국 윤석열 대통령은 헌법재판소의 준엄한 심판을 받았다. 공식적으로 대통령에 대한 형사 기소는 내란 또는 외환죄에 국한되지만, 이번 사태는 단순한 정치적 논란을 넘어서는 일이었다. 윤 대통령이 계엄령과 관련된 직권남용 혐의로 대면조사를 받게 되면서, 현직 대통령에 대한 수사 범위에 대한 법적·정치적 논의도 새로운 전례를 만들었다.

윤석열이 이렇게 된 계기는 무엇이었을까. 무엇보다 논란의 중심에는 '채상병 사건'이 있다. 군 복무 중 사망한 채 상병에 대해 공정한 수사가 이뤄지지 않았다는 의혹은 유족과 국민들에게 큰 상처를 남겼다. 해병대 수사단의 수사 상황을 윤석열이 물밑에서 은근히 조정하려 했단 정황이 일었다.

이와 함께 명태균 게이트로 지목되는 공천 개입 정황은 민주주의 핵심인 선거의 공정성을 훼손하는 심각한 문제였다. 윤 대통령은 중앙선관위의 부정선거 문제를 중요한 이슈로 지적하며 계엄의 정당성을 얻으려고 했지만, 정작 자신은 특정 인물의 공천을 지시하거나 개입했다는 주장이 거의 사실로 확인되었다. 정치권과 국민 모두 이런 윤석열과 김건희 여사를 질타하고 우려하는 목소리가 높아진 상황이었다.

디올 파우치

윤석열 전 대통령의 가족과 측근들에 대한 비리 의혹이 고질병처럼 회자 되었고, 명태균 게이트 사건으로 도마 위에 올랐다. 디올백 수수 의혹이나 도이치모터스 주가조작 연루 가능성은 이미 오래전부터 제기돼 왔으며, 여전히 해명되지 않은 채 정치적 부담으로 남아 있는 상황이었다. 국민들은 대통령이 권력을 사적으로 사용하고 있다는 인식을 점점 굳힌 상황에서 윤 대통령 부부는 상당한 압박을 받은 것으로 보인다.

이런 상황 속에서 윤이 비상계엄을 선포하자, 국회가 헌법에 따라 탄핵소추를 의결한 것은 예외적이지만 불가피한 조치로 평가된다. 이는 정파를 떠나 국민의 권리를 지키기 위한 민주적 절차의 일환이었다. 과거의 어떤 대통령 탄핵보다도 복잡한 사안이 얽혀 있어 정치적, 법적 파장이 클 것으로 보였는데 결국 윤은 파면에 이르게 되었다.

한편, 윤석열 전 대통령 측은 헌법재판소 심리 과정에서 강경한 대응을 보여주었다. 이는 국민들 사이에서 정치적 혼란을 더욱 심화시킬 가능성이 높았고, 첨예하게 대치했다. 국론 분열이라는 악순환을 초래하고 가족끼리도 정치적으로 대립한 경우가 많았다.

지금 대한민국은 윤석열 대통령을 파면하고, 한때 국가 최고 지도자였던 윤 대통령의 법적 책임을 논의해야 하는 중대한 시점에 놓여 있다. 이는 단지 한 사람의 정치적 생명을 좌우하는 문제가 아니라, 대한민국 헌정 질서와 민주주의의 미래를 결정짓는 일이다. 국민은 진실을 알고자 하며, 국가는 그 목소리에 응답해야 한다.

정치권과 수사 당국, 그리고 윤 전 대통령 자신이 이 사태의 심각성을 직시하고 책임 있는 태도와 자세를 보여야 할 때다. 위기의 정치는 곧 국민의 위기다. 이 위기를 민주주의의 성숙으로 이끄는 길은 오직 투명성과 책임성뿐이다. 윤석열 전 대통령의 형사재판 역시 정의와 진실로 평가받아야 한다.

윤석열, 형사재판 첫날 93분의 궤변(詭辯)

 윤석열은 전 대통령 신분이 되어 형사 재판정에 앉았다. 그는 4월 14일, 자연인 신분으로 처음 형사재판에 출석했는데 윤석열은 79분의 모두(冒頭) 진술과 재판 관련 의견진술 14분 등 모두 93분 동안 변명했다.
 변명의 수준을 넘어 궤변이었다는 평이 설득력을 얻고 있다. 그는 자유롭고 거침없이 자신의 의견을 나타냈지만, 검찰 수사와 헌법재판소의 판단을 완전히 거부하며 부정했다. 재판의 진행과 관련해서 불만도 감추지 않은 것으로 드러났다.
 헌법재판소에서 이미 탄핵이 인용되어 파면된 신분이었지만, 윤 전 대통령은 안간힘을 쓰며 자신의 죄를 부정했다. 윤은 탄핵 심판 과정에서도 수사기관에서 행한 관계자 진술의 실체가 많이 밝혀졌다고 말했다. 또한 초기에 내란몰이 과정에서 사람들이 겁을 먹고 수사기관의 유도에 따라서 진술한 게 검증 없이 공소사실에 반영이 되었다고 진술했다.

지난해 3월부터 윤석열은 비상계엄을 언급한 것으로 보인다. 이는 군사령관들의 진술을 토대로 확보된 증거물이다. 하지만 윤 전 대통령은 2024년 봄부터 그림을 그려왔다는 자체가 정말 코미디 같은 얘기라며 항변했다.

곽종근 전 특수전사령관 증언이 이번 탄핵 인용에 큰 역할을 했다. 이런 사실을 모르는 국민 역시 많지 않을 것이다. 이에 윤석열은 대통령이 어떻게 인원을 빼내라는 말을 하겠느냐고 주장했다. 윤은 줄곧 이런 사실은 민주당 의원들에 의해 왜곡되고 조작된 것이라며 법정을 지켜본 방청객들의 빈축을 사기도 했다는 전언이다. 빨리 국회 문을 부수고 들어가 인원들을 끄집어내라는 윤의 말은 이제 완전히 사실로 굳어진 모양새다.

윤석열의 변명은 황당한 전제를 깔고 앉은 모양을 하고 있다. 비상계엄 당일 홍장원 전 국가정보원 1차장에게 정치인 체포 지시를 했던 것으로 명확히 드러난 셈인데, 여전히 체포 지시가 아니라 격려 차원이라는 황당한 주장을 형사재판에서도 반복했다.

누구를 체포하라는 지시를 내렸다는 것은 새빨간 거짓말이라며 터무니없는 궤변을 늘어놓았다. 백주 대낮에 손바닥으로 해를 가리는 행동임을 국민 누구나 알아차렸다. 체포 지시한 것처럼 일을 꾸민 것이라고 했다. 방첩사를 도와주라는 상식적인 차원의 말이었다고 변명했다.

윤의 변명은 궁색했고, 초라하기까지 했을 정도였다. 헌재에서 모두 드러났다고 말했지만, 정작 우리는 헌재에서 그런 명쾌한 장면을 지켜보지 못했었다. 계엄 선포 직후 급박한 상황에서 발생한 단순 격려 차원이었으며, 간첩 수사업무와 관련한 일반적 지시를 했다고 변명했는데 법원은 피청구인 윤석열의 주장을 믿기 어렵다고 판단했다. 이번 형사재판은 더욱 엄격한 잣대를 가지고 헌법재판소의 판단까지도 부정한 셈이었다.

형사재판장 윤석열

윤석열 전 대통령은 형사 재판에서 또 이상한 궤변을 늘어놓았다. 노상원 전 정보사령관에 대해서는 전혀 아는 바가 없다고 변명했다. 그리고 선관위 압수수색에서 군을 동원한 것이 영장주의 위반이란 공소사실에 대해 국가 공공기관은 영장 없이 들어갈 수 있다는 궤변을 늘어놓았다.

선관위는 헌법이 정한 독립기관이란 점에서는 윤의 말이 맞을 수도 있다. 하지만 윤은 이러한 공공기관은 판사가 발부한 영장

없이도 수색할 수 있다는 궤변이었다. 또한 윤은 공소장이 그냥 조서들을 모자이크식으로 붙인 것 즉 짜깁기한 것과 같다고 항변했다. 그러면서 국민 눈높이에 맞는 전시 혹은 사변이 아니면 계엄 선포가 전부 내란이란 말이냐고 되묻기도 하였다.

서울중앙지법 형사25부 재판장인 지귀연 부장판사는 윤 전 대통령의 발언이 길어지자 검찰 쪽에서 발언에 사용한 시간만큼 드릴 수 있으니 시간 조절을 염두에 둬달라고 경고성 멘트를 날렸다. 그러나 윤 전 대통령은 이에 멈추지 않고 발언권을 계속 얻어 자기 발언을 이어갔다.

이날 재판에 수방사 제1경비단장과 특전사 특전대대장 등이 등장했다. 윤은 이를 보고 자신에게 불리한 진술이 예상되는 영관급 군인들이 증인으로 나온 것을 직감했다. 윤 전 대통령은 헌재에서 이미 다 심문한 사람을 검찰이 자기들에게 유리하다고 해서 오늘 굳이 나오게 한 것은, 증인신청 순서에 있어서 다분히 정치적인 의도가 있지 않냐라며 불만을 드러내기도 했다. 궁색한 윤석열 전 대통령의 첫날 형사 재판정 모습이었다.

파면으로 달아난 윤석열의 예우

윤석열은 지난 4월 4일 헌법재판소의 파면 결정에 따라 현직 대통령으로서 받던 모든 예우가 박탈되었다. 전직 대통령에 대한 예우 역시 받을 수 없게 되었다. 경호와 경비만 최소 제공될 뿐이다. 수사의 방패막이 되어주었던 형사상 불소추 특권 역시 사라졌다. 형사소송을 맞아야 하는 윤에게는 불리한 정황이 아닐 수가 없는 것이다.

전직 대통령 예우법이란 것이 있다. 이 법 제7조는 재직 중 탄핵 결정을 받아 퇴임한 경우 이 법에 따른 예우를 하지 아니한다고 규정하고 있다. 사라지는 것 중에 가장 중대한 것은 윤이 받을 수 있었던 연금에 관한 것이다.

정상적으로 임기를 마친 전직 대통령은 연보수액의 95%를 12개월로 나눠서 받게 된다. 2025년 대통령 연봉은 약 2억 6258만 원이었다. 이 기준에 따라 매월 받을 수 있었던 연금액은 약 1533만 원이라는데….

또 하나 중요한 것은 사후(死後)의 문제다. 윤 전 대통령은 사망 시 국립묘지 안장 대상에서도 제외된다. 또 전직 대통령이 받을 수 있는 기념사업 지원이나 사무실, 본인과 가족에 대한 치료, 고위 공무원에 속하며 별정직 공무원인 비서관 3명과 운전기사 1명 등도 윤 전 대통령에게는 제공되지 않는다. 모든 게 달아난 셈이다.

그런데 놀라운 것은 파면에도 불구하고 경호는 최장 10년간 유지된다는 점이다. 대통령 등 경호에 관한 법률에 따르면 대통령경호처는 전직 대통령 본인이 거부하지 않는 경우(어떤 미친 자가 경호를 거부하겠는가) 퇴임 후 최대 15년 이내의 기간에서 전직 대통령과 배우자에 대한 경호 활동을 수행할 수 있다는 것이다. 윤 전 대통령처럼 임기만료 전 퇴임한 경우에는 5년으로 기간이 축소되며, 이후 최대 5년간 경호를 연장할 수 있다는 점은 있다.

헌법 84조에 따른 불소추 특권이 사라져 윤 전 대통령은 이미 기소된 내란 우두머리 혐의 뿐만이 아니라 정치 브로커 명태균 씨를 연계로 한 윤 전 대통령 부부의 공천 개입 의혹, 재임 중 각종 직권남용 혐의 등과 관련해 수사를 받거나 구속영장이 청구될 수도 있다. 소환 조사가 이뤄질 경우에 조사를 받으러 이동하는 과정 등에도 경호가 제공될 수 있다고 한다.

추락은 날개가 없다

하지만 윤 전 대통령이 재수감될 경우 상황은 사뭇 다르다. 지난 1월 현직 대통령 신분으로 서울구치소에 수감됐을 때처럼 경호관들이 구치소 안으로 진입해 경호했던 것과 같은 밀착 경호는 받을 수 없을 것으로 보인다. 2017년 대통령 신분으로 수감됐던 박근혜 전 대통령이 수감생활을 마친 이후 받게 된 경호 역시 마찬가지였다.

윤 전 대통령과 김건희 여사 부부는 파면 이후에도 상당한 시간 서울 한남동 관저에서 눌러 지냈다. 탄핵이 인용되면 언제 관저를 비워주어야 한다는 규정은 없다고 한다. 그런데 윤석열은 자신이 대통령에 당선되고서 문재인 전 대통령에게 청와대를 임기 즉시 비워 달라고 압력을 넣었다. 모두 다 아는 사실이 아닌가.

그런 자가 정작 자기가 대통령직에서 파면이 되자, 1주일간

228톤의 물을 사용했다고 한다. 1주일간 매일 28톤의 물을 사용한 셈인데 이 기간 수도요금은 74만 6240원으로 일반 2인 가구 평균 사용량보다 75배 이상이라니 그저 놀라울 뿐이다.

윤석열은 4월 4일 파면 이후, 파면 1주일 후인 11일에 1주일 만에 사저인 서초구 아크로비스타로 돌아갔다. 아파트 주민들의 환영이 있는 듯 보였지만, 타지에서 모인 윤의 지지자들이 대부분이었다고 한다. 씁쓸한 윤의 퇴장이 오직 우리는 부끄러울 뿐이다.

윤석열 정부의 문화정책 실패

　윤석열 정부는 문화정책도 비전 수립에 실패했다는 평이 나온다. 윤의 정치 때 문화정책은 방향을 잃고 헤매는 아노미 같은 시절이었다. 윤의 문화정책은 K 컬쳐라는 이름을 걸면서 거창하게 출발했지만, 그들이 말하는 글로벌 문화강국의 도상에 오르지 못하고 넘어진 모양새가 되었다고 할 수 있다.
　문화와 민생, 문화와 경제, 문화와 미래 등 목표는 거창했다. 국민이 문화생활을 누리도록 문화 여가비 부담이 줄도록 하고, 지역소멸 등을 막는다며 미래를 준비하는 문화까지 펼쳐보이고자 했다.
　그러나 윤석열 정부 출범 이후 이러한 문화정책의 장기적 비전과 전략, 방향성은 사라졌다. 80~90년대식 단순 문화복지 사업과 정부 주도의 공급사업, 개발정책에 가까운 관광사업이라는 평을 들어야 했다. 문화정책이란 탈을 쓰고 콘텐츠 지원사업이 다시금 등장한 것이다.

현금성 지원, 바우처 지원 등이 확대되었다. 하지만 정작 시민들이 직접 문화의 주체로 참여할 수 있는 예술지원은 사라진 것이다. 지역문화 생태계를 만든다는 지역문화 정책은 사라지고, 관광정책 사업이 그 자리를 메웠다. 문화를 매개로 한 기후위기 문제, 인구 문제, 불평등 문제 등은 전혀 고려되지 않았던 것이다.

윤석열 정부는 표현의 자유 침해라는 말이 무색할 정도의 정부였다. 윤석열차라는 말을 우리는 윤 정부 초반에 들었다. 한 고등학생의 풍자만화가 윤석열 정부를 풍자하며 우리 사회를 뒤흔들었다. 윤 정부를 풍자한 훌륭한 작품이라 할 수 있었는데 윤 정부는 정치적이라는 이유로 해당 작품을 제외시켰다. 그리고 다음 해에는 그 만화축제를 기획한 한국만화영상진흥원의 예산을 절반으로 깎아버렸다고 한다. 윤석열 정부가 얼마나 검열을 하고 표현의 자유를 침해한 것인지 알 수 있는 사건이었다.

윤석열 정부가 내건 K컬쳐는 무엇을 말하는지 분명하지 않았다. 케이팝, 케이 푸드 등의 조어는 기존의 반복이었다. 정책적 맥락의 정교함을 지니지 못했고, 일종의 브랜딩 전략에 가깝다는 평을 받았다. 특히 K컬쳐를 통해 다양한 문화적 혜택이 잠식되고 관광산업 관련 정책으로 전락했다는 평이다.

문화체육관광부는 국정홍보 부처로 전락했다. 윤석열 대통령의 치적을 홍보하는 영상이 선거를 목전에 두고 터져나왔다. 공무원들은 이를 시청하고, 각 부처 내부 전산망에 도배를 하게 되었던 것이다. 이것은 공무원 내부에서도 반발이 일어났다. 일부 부처는 영상을 삭제하는 헤프닝도 벌어졌다.

문체부의 이런 국정홍보성 행위는 비단 어제 오늘의 일이 아니다. 이명박 정부에서도 국정홍보처가 폐지되고 문화체육관광부로 통합되면서 국정홍보 역할을 하는 기관지로 전락하고 말았다.

이번 기회에 문체부의 문제를 상세히 진단하고 새롭게 출발해야 한다. 문화야말로 국민이 살아가는 삶의 질과 직결되는 분야이기 때문이다. 문체부는 국정홍보 기능을 폐지하고 순수하게 국민을 위한 문화적 혜택이 보편화 되도록 변해야 한다. 다음 정부는 문체부 및 국정홍보처의 정체성에 대한 사회적 논의가 필요하다는 여론이 만들어지고 있다.

이명박 정부에서 블랙리스트 주범이라 할 수 있는 유인촌이 문체부 장관으로 임명된 것도 문제의 출발점이 되었다. 문화예술계 블랙리스트는 박근혜 정부에서 처음 인식되었다. 블랙리스트에 초점을 맞춰 진상조사가 이루어졌고, 이에 따라 문체부 관련자들이 구속되는 초유의 사태가 벌어지게 되었던 것이다. 이런 사안의 중심에 있는 유인촌이란 사람을 장관에 불러들인 자체가 패착이었다. 그들은 이런 블랙리스트는 없었다고 항변한다. 하지만 여러 조사를 통해 피해를 입은 자들이 수없이 발생하지 않았나. 윤석열 정부를 등에 업고 문화생태계를 파괴하기 시작했다. 윤석열, 유인촌의 만남은 윤석열 정부 최대의 결점이라는 사람들이 너무 많다.

윤석열 정부 이전 문재인 정부에서는 문화정책의 기본이 자치, 포용, 혁신이었다. 이런 가치 아래 시민들이 대거 참여했다. 따라서 자발적인 문화생태계를 구축했고, 생활기반에서 문화환경을 만들었다. 지역의 개성 넘치는 문화를 발굴하고, 문화적 가치로 상승시켰다. 문화적 발전과 향유가 동시에 달성되었다고 볼 수 있다. 하지만 윤석열 정부 들어와서는 이전 정부의 지우기부터 시작했다. 좋은 점은 함께 끌고 올라가야 하는데 먼저 지우기 작업부터 서둘렀으니 당연히 주민이 향유할 수 있는 문화는 배제될 수밖에 없었던 것이다.

짧았던 정치 인생, 윤석열 대통령의 부침(浮沈)

윤석열 대통령의 정치 여정은 한국 정치사에서 보기 드문 빠르고 강렬한 궤적을 그렸다. 사람에게 충성하지 않는다던 검찰총장이 정치에 입문한 지 1년도 채 안 돼 대통령에 당선되며 세간을 놀라게 했다. 문재인 정부의 권력형 비리를 수사하며 주목을 받았고, 그 기세를 몰아 야당 후보로 대통령 자리에 올랐다.

그의 등장은 기존 정치권에 대한 불신과 피로감 속에서 비정치인 이미지로 환호받았다. 국민들은 기존 정치 문법과는 다른 리더십을 기대했고, 윤 대통령은 그런 기대를 등에 업고 용산 시대를 열었다. 청와대를 과감히 나와 대통령 집무실을 용산 국방부 청사로 옮긴 결정은 파격이었고, 새로운 시작처럼 보였다.

하지만 기대는 오래가지 않았다. 취임 초부터 불거진 김건희 리스크는 윤석열 정부의 발목을 잡기 시작했다. 대통령 부인의 과거 논문 문제, 허위 이력 의혹, 그리고 외교 활동의 과도한 노출까지.

여러 사안에서 국민 눈높이에 맞지 않는 대응이 이어졌고, 오히려 의혹을 키우는 모양새가 되었다.

여기에 한동훈 법무부 장관과의 관계도 주목을 받았다. 한때 최측근으로 알려졌지만, 대권 잠룡으로 급부상한 한 장관과의 미묘한 갈등은 정권 내부 불협화음을 보여주는 단면이 됐다. 측근 정치가 아닌 팀워크를 강조해야 할 시기에 윤핵관으로 불리는 핵심 인사 간의 반목은 국민에게 피로감과 혼란을 불러왔다.

정치적으로는 여소야대 국회라는 큰 벽을 마주했다. 거대 야당과의 대립은 어느 정부에서나 피할 수 없는 일이지만, 윤석열 정부는 협치보다는 충돌을 택하는 모양새였다. 특히 검찰 수사와 관련된 사안에서 야당인 민주당과의 정면 대치는 더욱 극심해졌고, 국정운영은 점점 경직되었다.

결국 윤석열은 비상계엄으로 위기를 모면하려 하였지만, 거대 야당은 대통령 탄핵안을 추진하게 되면서 정치적 위기가 극에 달했다. 윤석열 대통령의 극단적 대응은 비상계엄령이라는 소문이 돌았다. 그러나 국방부 장관이 국회 청문회장까지 불려 나와 낭설이라고 항변했지만 얼마 못 가 계엄은 사실이 되었다. 국민적 충격은 말할 수 없이 컸다. 민주주의의 기본 질서가 흔들린다는 우려가 커지며, 정권은 걷잡을 수 없는 파국으로 향했다.

그러나 이러한 내치의 혼란 속에서도 외교 분야에서는 일정한 성과가 있었다고 한다. 특히 한·미·일 삼각 협력 강화는 긍정적인 평가를 받고 있다. 북한의 도발과 중국 견제라는 복잡한 동북아 정세 속에서, 한미동맹을 강화하고 일본과의 갈등 해소에 나선 점은 국제 사회에서 의미 있는 움직임으로 평가된다.

하지만 외교 성과는 결국 내치의 기반 위에서 빛날 수 있는 법이다. 국내 정치가 불안하면 외교도 신뢰받기 어렵다. 국민이 등을 돌린 정부는 국제무대에서도 설득력을 잃기 마련이다. 윤 대통령의 외교 정책이 지속 가능한 힘을 얻기 위해서는 국민적 공감과 신뢰 회복이 선결 과제이다.

정책 브리핑

윤석열 대통령의 정치 인생이 아직 끝나지 않았다는 사람들도 많다. 윤석열이 향후 다시 대통령 선거에 출마해야 한다는 말도 들린다. 그러나 지금까지의 과정을 볼 때 윤석열의 어게인(again)은 쉽지 않을 것이다. 자신의 행동에 대한 법의 심판을 받는 게 먼저 윤이 해야할 일이라고 생각한다.

고집과 신념이 강한 지도자는 때로 변화를 거부하고 독단에 빠지기 쉽다. 하지만 지금 필요한 건 고집이 아니라 국민과의 소통, 변화에 대한 유연성이다. 정치는 결국 사람의 마음을 움직이고 얻는 일이 아니겠는가.

윤석열은 이제 역사 속의 한 대통령이 되었고, 탄핵이란 부끄러운 자화상을 남긴 대통령이 되었다. 이제 다시 초심으로 돌아가 무엇이 잘못되었는지 돌이켜볼 일이다. 국민의 목소리에 귀를 기울인다면 아직 늦지 않았다. 사람에 충성하지 않는다던 검사 윤석열이 아닌, 국민에게 충성하는 대통령 윤석열로 남길 바란다.

제4장 새 정부에 당부

국가는 왜 존재하는가, 그리고 우리는
무엇을 바꿔야 하는가

　국가란 무엇인가. 우리는 늘 그 안에 살아왔지만, 그 본질에 대해 묻는 일은 드물다. 우리는 국가를 너무나 당연하게 여겨왔다. 그러나 당연하다고 믿어온 그 존재가 우리를 지켜주지 못하는 순간, 우리는 비로소 묻기 시작한다. 국가는 누구를 위해 존재하는가. 플라톤은 국가는 사회의 정의를 유지하고, 국민의 이익과 행복을 위해 존재한다고 말했다. 이제, 그 말이 우리에게 더 절실하게 다가오는 느낌이다.

　지난 30여 년간 대한민국은 수많은 경제적 위기를 겪었다. IMF 외환위기, 2008년 금융위기, 그리고 코로나19 팬데믹. 이 재난은 결코 국민이 자초한 일이 아니었다. 그러나 희생은 언제나 국민의 몫이었다. 국가는 제 역할을 다하지 못했고, 국민은 보호받지 못한 채 위기의 한복판에 내던져졌다.

전 세계 강타한 코로나19 펜데믹

1997년 IMF 위기는 자본의 구조적 문제에서 비롯되었다. 그러나 파산은 국민의 삶에 직접적인 고통으로 다가왔다. 실업자가 넘쳐났고, 가계는 붕괴했다. 2008년 미국발 금융위기 때는 다소 선방했지만, 고환율과 자산시장 침체, 기업 신용 불량, 소상공인의 연쇄 부도라는 여파는 여전했다.

또한 코로나19가 모든 것을 바꾸어놓았다. 'K방역'이라는 찬사를 받았던 초기 대응과 달리, 장기화된 팬데믹은 자영업자와 소상공인, 취약계층에게 극심한 피해를 안겼다. 많은 이들이 일자리를 잃었고, 부동산을 경매로 넘겼으며, 월세방으로 내몰렸다. 개인파산은 일상이 되었고, 신용불량자는 폭증했다.

국가는 이런 위기의 순간마다 어디에 있었는가. 국가는 국민의 삶을 지켜야 할 책임을 다했는가. 정부가 있었고, 정책이 있었지만, 그 결과는 늘 국민의 고통이었다. 우리는 이제 묻지 않을 수 없다. 국가는 왜 존재하는가.

그리고 지금, 대한민국은 다시금 헌정질서의 위기를 맞았다. 윤석열 대통령의 탄핵과 파면은 단순한 정권 교체가 아니다. 그것은 헌정질서를 흔들고, 비상계엄이라는 최후의 수단까지 검토했던 권력의 폭주에 대한 역사적 심판이었다. 대통령이 군사력을 동원해 정국을 장악하려 한 정황은 민주공화국의 근본을 뒤흔드는 일이었다.

이 과정에서 국회와 헌법재판소가 헌법 수호의 마지막 보루 역할을 했다. 그러나 그에 앞서, 국민이 먼저 일어섰다. 국민의 저항과 감시가 없었다면, 지금 우리는 전혀 다른 체제 아래 놓여 있었을지도 모른다. 결국, 국가는 국민 위에 군림할 수 없다는 진리를 다시 한번 확인한 셈이다.

윤석열 정권의 붕괴는 단지 한 사람의 몰락이 아니다. 그것은 잘못된 권력 구조와 무기력한 행정 시스템, 그리고 책임지지 않는 정치 문화에 대한 국민의 철퇴다. 새로운 대한민국은 이 잿더미 위에서 다시 시작해야 하는 위기를 맞은 셈이다.

플라톤이 말한 국가의 역할, 즉 국민의 이익과 행복을 보장하는 정의로운 조직으로서의 국가는 여전히 유효한 과제다. 국가는 국민을 보호하고, 위기에 처한 이들을 구제하며, 모두가 함께 살아갈 수 있는 기반을 마련해야 한다. 정치적 유불리에 따라 헌법을 왜곡하고, 국민을 외면한 권력은 반드시 심판받아야 한다.

변화는 강요가 아니라 선택이다. 그리고 그 선택은 국민의 손에 달려 있다. 우리는 국가를 다시 세울 수 있다. 낡은 체제를 벗겨 내고, 새로운 옷을 입히는 힘은 다름 아닌 우리 자신에게 있다. 헌법은 종이 위의 문장이 아니라, 국민이 살아 숨 쉬게 만드는 정신이다.

이제는 바꿔야 한다. 바꾸지 않으면 미래는 없다. 더 이상 국가가 국민을 외면하고, 권력이 국민을 위협하는 시대는 끝나야 한다. 국민이 국가를 바꾸는 시대, 그것이 바로 지금이라고 생각한다. 국가는 왜 존재하는지 끊임없이 물어야 한다.

대통령의 자격

 지난 4월 4일은 대한민국에 법과 정의가 살아 있음을 증명하는 날이었다. 헌법재판소의 윤석열 전 대통령 파면 결정은 어떤 영화보다 감동적인 서사였다. 국민들은 텔레비전 앞에 앉아서 12·3 비상계엄의 위헌·위법성을 확인했다.
 그리고 대통령직을 박탈해 헌법 질서를 회복한 장면을 여실히 눈에 담았다. 세계 속에 우리의 혼란한 모습을 보여줌으로써 체면이 조금 구겼는데 이를 발판으로 세계 속에 대한민국이란 나라는 가장 성숙한 민주주의임을 입증한 것이었다.
 동시에 헌법재판소의 윤 대통령 파면 결정은 국가원수이자 행정부 수반인 대통령이 권한을 행사할 때 어떤 것을 할 수 있고, 어떤 것을 할 수 없는지에 대한 기준을 제시한 역사의 장을 만들었다. 이는 계엄 이후 선출될 대통령의 자격이란 무엇이어야 하는지를 뚜렷이 제시해 준 과정이기도 했다.
 최고 헌법기관인 헌법재판소가 이번 결정에서 가장 강조한 점은 무엇인가. 물을 것도 없이 민주주의와 국민주권주의에 관한 것이다. 헌법은 대한민국은 민주공화국이다.(제1조 제1항), 대한민국의 주권은 국민에게 있고, 모든 권력은 국민으로부터 나온다(제1조 제2항), 라고 규정하고 있다. 우리가 간혹 영화를 보면서 정의를 수호하려는 변호사의 입을 통해서도 많이 들었던 내용이다.

헌재는 국가권력의 근원과 주체는 국민이라고 못을 박고 있다. 어떤 권력도 국민 위에 존재할 수가 없다. 굳이 말하자면, 국민이 황제이며 국민이 왕인 것이다. 국민만이 국가의 정치적 지배에 정당성을 부여할 수 있다. 또 어느 한 국가의 권력은 특정 계급이나 집단에 의해 독점적으로 지배되지 않는다. 국민을 전제하지 않고는 어떤 고유의 권력이란 존재하지 않는 법이다.

윤석열 대통령은 왜 권력을 무섭게 행사하게 되었을까. 사람들은 처음에는 이게 미스터리라는 반응을 보였다. 하지만 면면을 들여다보면 얄팍한 수가 훤히 들여다보일 정도가 아니었는가. 명태균 게이트에서 불거진 선거 개입 문제, 김건희 부인이 안고 있는 시한폭탄 같은 권력 남용과 간섭, 이런 상황 속에서 비상계엄을 발동한 것이었다. 이게 아니라고 누가 자신 있게 부정할 수 있는가.

윤석열은 국민이 부여한 엄청난 주권을 개인의 정치적 이득을 위해 사용했다. 그는 이렇게 국민을 배신했다. 헌법재판소는 단호히 윤석열을 파면했다. 이게 대한민국 국민의 뜻이었다. 대통령의 자리는 자신을 지지하든 지지하지 않든 모든 국민을 통합할 수 있어야 한다.

그래서 대화가 필요한 법이다. 대통령이 국민을 위해 존재하지 않을 때, 마땅히 파면당해야 한다. 모두의 대통령이기 때문에, 생각이 다른 야당과 끝장토론을 해서라도 대화하고 합의를 유도했어야 한다.

미국의 32대 루즈벨트 대통령은 세계인권선언이 탄생하기까지 엄청난 암초를 만나게 된다. 당시 UN 가입국이 58개국인데 이들을 통합하는 인권 장전을 만드는 작업이 쉬울 리가 없었을 것이다. 수많은 국가, 민족, 단체 등 이해관계가 얽혀 도대체 인권 조항이란 것조차 작성하는 데 어려움이 많았다.

하지만 제2차 세계대전을 경험하며 엄청난 인류의 희생을 목격한 터라 후퇴하지 않고 모든 국가, 민족, 종교 단체 등등 설득 작업에 돌입했다. 루즈벨트는 세계 인권선언이 완전히 정립된 것을 보지 못하고 아쉽게 죽었다.

그러자 그의 아내 엘리너 루즈벨트가 트루먼 대통령의 협조를 받아 그 일을 이어받아서 하게 되는데 무려 1600차례 회의를 통해 세계인권선언을 합의하기에 이른다. 1600차례의 끈질긴 회의를 통해 58개국뿐만 아니라, 전 인류를 만족시킬 수 있는 세계인권선언을 완성하게 되었다. 엄청난 시련을 안고 탄생한 세계인권선언은 인간과 국가가 이루어야 할 도덕 기준을 제시하면서 이제 세계 모든 인류의 보배로 자리 잡게 되었다. 현재 413개의 언어로 번역, 통용되고 있을 정도이다.

헌법재판소가 선고한 파면 결정문을 보면 국민이 주권자라는 대목이 여러 장면에 등장한다. 대통령의 권력은 대통령 개인의 것이 아니라는 뜻이며, 사사롭게 사용할 수 없다는 의미를 담고 있는 것이다.

국회 역시 국민의 대표로 구성된 합의체로서 민주국가를 실현하는 대표기관이다. 대통령이라 하여 야당을 무시할 수 없는 법이다. 야당의 의미는 국민의 뜻이 야당을 지지한다는 의미를 지니기 때문에, 대통령이라도 자신에게 불리하다 하여 야당을 무시할 수가 없는 법이다.

국회라는 존재는 다양한 의견의 반영이 그 전제가 되어야 한다. 국회가 자기 권력을 벗어나 행동할 때는 거기에 대항하는 방법을 대화를 통해 적절히 찾아서 활용하면 어떤 대립과 갈등 속에서도 원만히 국정을 펼칠 수 있는 법이다. 그리고 다수의 국민적 지지를 받는 정당이 국정의 주도권을 행사하는 것은, 민주주의가 보장한 절차의 하나다.

이 과정에서 각 정당은 서로 비판하고 반박하며 경쟁을 하게 된다. 이 또한 건전한 민주주의의 과정이라 할 수 있다. 야당이 정부를 비판하고 견제하는 것은 민주주의의 필수적인 절차며 과정인 법이다. 이거야말로 민주주의 체제에서 철저히 보장받아 마땅하다고 하겠다.

헌법재판소는 이에 대해 명쾌하게 교통정리를 해주었다. 민주당이 여러 건의 탄핵소추를 제기하고, 법률안과 예산안 심의를 통해 정부를 매우 압박했더라도 이것이 계엄을 선포할 정도의 중대한 위기상황이라고 볼 수는 없었다고 해석했다.

이것은 어떤 어려운 법적 내용도 아니며, 국민 대다수가 상식적으로 이해할 수 있는 수준이라고 본다. 헌법상 보장된 정당의 자유를 행사한 것은, 민주주의의 건전한 과정이라고 해석이 되고 있다. 국민이 총선에서 여소야대 상황을 만든 것은 정부에 대한 견제권을 최대한 행사하라는 의미가 담겨 있는 셈이다.

최고의 덕목은 대화와 타협

우리의 역사는 항상 변한다. 우리의 대통령과 국회의 구성도 바뀐다. 갈등의 성격도 언제든지 변할 수 있다. 변하지 않는 것은 갈등 발생 시 그 해결방법이다. 최고의 해결방법이 바로 대화와 타협인 것이다. 헌재도 이번 윤석열 파면 선고 시 이점을 특히 강조하고 나서지 않았는가.

자신의 의견이 옳다고 주장하는 것은 당연한 감정이다. 그러나 상대방의 의견을 무시한 채 자신의 주장만 옳다고 강요할 수는 없다. 내 의견이 옳은 만큼 타인의 의견도 동등한 가치를 부여할 수 있어야 건전한 민주주의를 실현하는 것이다.

생각이 다르다고 상대방을 배제하면 안 된다. 윤석열은 국회를 배제의 대상으로 삼았다는 것이 커다란 실책으로 남는다고 할 수 있다. 협치의 대상이 아니라 배제의 대상으로 규정하는 것은 민주

정치라는 전제를 허무는 것과도 다르지 않은 것이다. 대통령 책무 가운데 하나가 국민 전체에 봉사하는 것이며, 국민의 범위를 초월해서 봉사해야 한다. 대통령이란 자리는 사회 전체를 통합시킬 책임과 의무가 따른다.

윤석열 전 대통령이 좀 더 현명했더라면 이번과 같은 불의한 오판을 시도하지 않았을 것이라고 본다. 국정이 마비되었을 때 대통령이 써야 할 방법이 비상계엄은 아니라는 게 상식처럼 읽힌다. 판단력이 부족한 사람이라도 어렵지 않게 이런 상식은 지니고 있다. 그런 무도한 비상계엄의 형식이 아니라 대국민 담화도 할 수 있고, 국민투표에 부칠 수도 있다.

정당 해산 심판 청구나 형법 혹은 공직선거법 등에 근거한 사법 절차가 충분히 존재한다. 윤은 이런 당연하면서도 법적으로 충분히 보장하고 있는 방법을 사용하지 않았다. 악감정에 충실한 나머지 탄핵의 불명예와 수모를 일시에 받게 되지 않았겠는가.

윤석열은 포고령을 통해 의회의 활동을 막고 법조인에 대한 위치를 확인하도록 무리한 지시를 했다. 대통령은 헌법을 수호하고 실현하는데 기울일 노력을 소홀히 했을 뿐만이 아니라 위반까지 했다. 이에 이번 탄핵의 과정 중에 광장에는 많은 사람들이 집결했다. 그들의 목소리는 인용 찬성과 반대로 갈렸다.

하지만 이들이 궁극적으로 추구하고자 하는 목표는 다르지 않았다. 민주주의의 수호, 헌법 가치와 질서의 회복을 이들은 모두 추구하고 있었다. 방법과 형식은 달랐을지 몰라도 거리로 나온 이들은 대한민국에서 자유민주주의가 훼손되는 것을 한 치도 용납하지 않은 것이었다. 결국 민주주의의 승리요, 민주주의의 주인인 국민의 승리로 막을 내렸다.

대통령은 소통이 막히면 끝이란 위기의식을 지녀야 한다. 나라와 국민을 끌고 가는 배의 선장이 바로 대통령이다. 이번 사태에서 윤이 일으킨 계엄은 윤이 해제한 게 결코 아니라, 시민의식이 뭉쳐 하나로 싸웠던 결과였다.

계엄은 결국 시민을 탄압하기 위한 모양으로 비지지 않았는가. 시민이 힘을 합쳐 계엄의 진행을 막았다는 사실이 매우 중요하다. 탄핵 촉구를 지지하는 열린 광장에는 노동자, 장애인, 여성, 노인, 성 소수자 등 우리 사회의 약자라 할 수 있는 자들도 수없이 많았음을 기억할 필요가 있다.

헌재의 결정은 권력을 사유한 빗나간 권력을 용서하지 않고 훈계했고, 거침없는 벌을 내렸다고 해석된다. 대통령은 누가 되든지 국민을 위해 그 권력을 사용하지 않을 때 탄핵의 불상사는 계속될 수 있음을 인식해야 한다. 대통령이란 자리를 개인과 가족, 일정 집단의 소유물이 아니라 국민 전체의 소유물이 되어야만 하는 것이다. 대통령이 국민을 위해 봉사해야 함이 여기에서 나온다고 볼 수 있다.

다수당의 힘, 국익을 위해 써라

 윤석열 대통령의 파면 이후 대한민국은 여전히 깊은 혼란 속에 있다. 광장과 여의도는 날마다 분열과 대립으로 요동친다. 대통령이 탄핵되고 파면된 사태는 국가 위기의 정점을 보여주는 사건이다. 그런데 이 사태의 책임을 단지 윤석열 개인에게만 돌릴 수 있을까. 집권 초기부터 야당의 강경한 투쟁과 다수당의 독주도 이 혼란의 또 다른 뿌리라 할 수 있는 것이다.
 민주당은 2년 11개월간 30건의 탄핵소추안을 발의했다. 평균 40일에 한 건꼴이다. 그중 90%가 기각됐다. 이쯤 되면 정치적 의도, 아니면 정치 공세였다는 의심을 피하기 어려울 것이다. 탄핵은 헌법적 사안이고, 국회의 최후의 수단이어야 한다. 그런데 이처럼 반복된 탄핵 소추는 헌법이 부여한 무기를 오용한 것으로도 볼 수 있다. 비난 받을 일은 벌이지 않는 것이 가장 현명한 태도가 아닐까.

다수당은 힘을 제대로 써야

줄탄핵이란 말이 괜히 나온 게 아니다. 윤석열 정부에 대한 잇단 탄핵 시도는 행정부를 위축시켰고, 정책 추진력을 마비시켰다. 더 큰 문제는 이 상황이 비상계엄 선포 검토라는 극단적인 선택까지 이어졌다는 점이다. 야당이 헌정질서를 수호한다는 명분으로 오히려 국가 시스템을 위기에 빠뜨린 셈이다. 결국 윤석열은 비상계엄을 선포하지 않았는가.

헌법재판소는 대통령 탄핵을 인용하면서도, 국회의 탄핵소추권 남발 여부에 대해서는 언급을 삼갔다. 그러나 정치의 장에서는 평가가 다를 수 있다. 아무리 형식적으로는 헌법에 부합하더라도, 국민의 눈높이에서는 정치의 사법화 또는 입법권의 남용이라는 지적을 피할 수 없다.

이재명 대표의 사법 리스크를 둘러싼 상황도 논란의 중심에 있었지 않은가. 여권은 민주당의 줄탄핵이 이 대표에 대한 수사 국면을 덮기 위한 정치적 방탄 수단이었다고 주장한다. 실제로 많은 탄핵 시도가 국민적 공감대를 얻지 못한 채, 정쟁 속에 묻혔다. 오죽하면 '방탄 탄핵'이라는 말이 나왔겠는가. 바로 이런 대목을 우리는 기억할 필요가 있다.

정치는 신뢰가 생명이다. 국민은 공정과 상식을 기대한다. 아무리 법적 요건을 갖췄더라도, 국민이 납득하지 못하는 탄핵은 정치적 모험일 뿐이다. 특히 다수당이라면 그 권한에 상응하는 책임과 절제를 보여야 한다. 국회의 숫자가 국민의 뜻을 대변한다고 착각해선 안 된다.

야당의 역할은 견제와 감시다. 그러나 그 수단이 언제나 '탄핵'일 수는 없다. 국민은 다수당인 야당이 국정 대안을 제시하길 바란다. 정부의 실책을 비판하면서도, 동시에 국민 삶을 나아지게 할 비전을 보여주는 게 진짜 정치다. 지금처럼 '반대를 위한 반대', '탄핵을 위한 탄핵'은 결국 정치에 대한 환멸만 키우는 것이다.

윤석열 정권의 잘못을 지적하는 일과 동시에, 국회를 장악한 민주당의 책임도 따져야 한다. 여야 모두 책임 있는 정치로 나아가야 하고, 다수당은 더욱 더 국익 중심의 리더십을 발휘해야 한다. 언제까지 당리당략에 국민이 희생되어야 하는지 묻지 않을 수 없다.

탄핵은 끝났지만, 정치는 계속된다. 국회는 이제라도 국민 앞에 겸허해야 한다. 더 이상 정치의 수단으로 헌법을 도구화하지 마

라. 국민은 모든 것을 지켜보고 있다. 다수당이 아무리 국민의 위임을 받은 국회라 해도 국민은 언제나 국회를 불신임할 수 있다. 집권을 계속 원한다면 무리한 행동을 하지 말아야 한다. 다음 정부의 선택도 다다음 정부의 선택도 결국 국민의 손에 달려 있다는 것을 잊지 말아야 할 것이다.

박근혜 탄핵 때보다 더 분열된 민심

무슨 일이 있어도 국민의 여론이 분열되는 일은 없어야 한다. 그런데 이번 윤석열 대통령 탄핵과 관련해서는 확연히 여론의 분열이 눈에 띈다. 여론의 분열은 곧 국민 간 생각의 결이 갈린다는 말이다. 여론이야 다양한 의견, 견해가 있는 것은 당연하지만, 지금처럼 대한민국이란 나라가 위험에 빠질 때는 이런 다양성보다는 하나로 일치되는 단결성을 보여주는 것이 훨씬 나은 것이다.

국회가 윤석열 대통령 탄핵소추안을 어렵게 가결했는데 이당시 여론조사를 보면 국론이 분열된 것을 알 수 있다. 여론은 탄핵 찬반부터 헌재 결정에 대한 것까지 지난 2017년 박근혜 전 대통령 탄핵 당시보다 더 극심하게 엇갈리고 있는 상황을 보여준다. 한국갤럽에 따르면, 8년 전 박 전 대통령에 대한 탄핵 찬반 여론은 꾸준히 8대 2 구도를 보여주었다. 그런데 이번 윤 대통령 탄핵의 경우 12·3 비상계엄 사태 직후 8대 2 구도를 보였는데, 시간이 지나며 점차 6대 4로 굳어졌다. 탄핵 찬성 목소리는 처음에는 점점 줄고 반대 응답자는 많아지며 여론의 분열이 심화했다. 결국 탄핵 직전에는 탄핵 찬성 쪽이 월등히 많았지만 이내 탄핵 찬성으로 국민의 의견이 기울었다.

박근혜 전 대통령 탄핵

박 전 대통령 국회의 탄핵소추안 표결 직전 즉 2016년 12월 2주 조사에서 탄핵 찬성은 응답자의 81%, 반대는 14%였다. 탄핵 찬성과 반대의 차이가 처음부터 뚜렸했는데 대부분 탄핵 찬성 견해를 지니고 있었다. 그리고 헌재의 탄핵 결정 전 마지막 조사 즉 2017년 3월 1주에서도 응답자 77%가 탄핵에 찬성했고, 18%가 반대하며 처음과 탄핵 직전에서도 비슷한 흐름을 보였다. 그런데 이번 윤 전 대통령은 비상계엄 직후 즉 2024년 12월 2주 조사에서 탄핵에 찬성한다는 응답자가 75%였다. 그런데 한 달 후 1월 2주에는 11%포인트 줄어든 64%였다. 한 달 만에 반대 응답자가 같은 기간 21%에서 32%로 높아진 것이다. 이후 찬반 여론은 소폭의 등락만 반복할 뿐 크게 달라지지 않았다. 여론의 등락이 크게 나타나지 않았다는 것이다. 대한민국 국민은 최종 심판자인 헌재를 신뢰한다. 여태 그래왔는데 이번에는 승복 여론이 그때보다 낮게 나타나고 있다. 8년 전 박근혜 탄핵 때는 윤 전 대통령 탄핵 결정 직전 진행된 전국지표조사(NBS·4월 1주)에서 탄핵에 승복한다는 응답자가 매우 높았다. 이번에 보여준 결과는 좀 차이가 있다. 헌재의 윤 대통령 탄핵 심판 결과가 생각과 다르더라도 받아들이겠냐라는 질문에 겨우 50%가 내 생각과 달라도 수용하겠다고 응답했다. 내 생각과 다르면 수용하지 않겠다고 답한 응답자는 44%였다. 매우 놀라운 결과라 할 수 있다. 이것은 이만큼 국론이 분열되고 있음을 보여주는 것이다. 2017년 박 전 대통령 탄핵 당시에는 나의 의견과 헌재 결정이 다르더라도 수용해야 한다는 여론이 높게는 70%대까지 형성되지 않았는가. 세상이 그만큼 각박해진 탓일지도 모른다. 수용해야 한다는 여론이 당시 70%를 넘었는데 이번에는 겨우 50%에 육박한 것이다.

  우리의 과제는 앞으로 이 간격을 메우는 과정이 매우 중요하다는 점이다. 계속 이 상태로 봉합되지 않으면 분열은 더욱 심해질 것이다. 신임 대통령의 역할이 그만큼 중요하다는 것을 의미하기도 한다.

경제 리더십에 집중해야

12·3 계엄 이후 우리는 정신없는 시간을 보냈다. 탄핵 심판이란 사건에 국민이 모두 매몰 되었고, 죽도록 이 사건에 목을 맸다. 우리가 평생 모르고 지낼 수 있었던 헌법재판소 재판관들의 면모까지 이렇게 속속들이 들여다볼 수 있었던 것은 불행한 일인지 다행스런 일인지 아직도 분간이 가지 않는다.

우리는 이제 헌법재판소의 시간을 뛰어넘었다. 엄청난 소용돌이 속에 전쟁도 불사하겠다는 투사들 모습도 우리는 목격했다. 그래도 다행스런 점은 하나같이 자유민주주의를 갈망했던 일이다.

그런데 우리가 이렇게 탄핵 심판 시간에 매몰되어 있을 때 나라 밖은 전쟁 중이었다. 총 칼로 사람을 죽이는 러시아 우크라이나 전쟁도 있었지만, 어떻게 보면 더 치명적인 전쟁, 바로 경제전쟁이 벌어지고 있었다는 점이다.

경제전쟁은 자칫 잘못하면 엄청난 희생을 동반할 수밖에 없는 일이 아니겠는가. 만약 IMF보다 더한 공황과 기업 및 가계 부도, 실업이 동반된다면 그 후유증은 전쟁보다 훨씬 클지도 모를 일이다.

트럼프 2기가 출범하기 전에 우리는 충분히 트럼프에 대한 대비를 했어야만 했다. 하지만 그럴 시간에 윤석열 정신 나간 대통령이 엄청난 실수를 저질렀다. 국제정세, 안보 및 외교 같은 것만 생각했어도 그런 일을 섣불리 저지르진 못했을 것이다. 하지만 이미 벌어진 일이었고, 설상가상 하필 이때 트럼프는 한국산 제품에 대해 25%의 상호 관세를 부과한 것이었다.

트럼프 제2기 출범

우리에게 매긴 관세는 영국, 일본, 동남아의 태국, 중국 등보다 낮았다. 그러나 우리는 엄청난 수출국이라는 차이점이 있었다. 우리 최대의 수출국이 미국인 것이다. 아시아의 다른 나라는 우리보다 낮았지만, 우리 기업이 이들 국가에 투자한 자본으로 생산을 해서 그 생산물이 미국에 수출된다는 차이점이 다른 것이다. 우리에게 닥칠 충격은 상상을 초월할 것으로 예상이 된다고 한다.

트럼프 계산법은 상식에 맞지도 않다는 게 경제 전문가들의 평가다. 무역적자액을 총수입액으로 나눈 값의 절반이라는 방식으로 아주 자의적이며 전략적인 계산방식을 도출한 셈이다. 이런 상황에서 우리는 대통령이 탄핵 되어 있었고, 대행의 대행까지 줄탄핵이란 도미노의 위험에 처해 있었다. 우리 정부가 결정적인 순간에 효과적인 대응을 하지 못했다는 점을 천추의 한으로 지적할 수밖에 없다.

어떤 사람들은 미국에 수출을 줄이면 되지 않냐는 말을 한다. 하지만 이는 가장 무섭고 무책임한 발언이다. 구더기 무서워서 장을 담그지 못하는 우리 속담처럼 그렇게 되면 국가 경제는 곧장 무너질 수밖에 없는 것이다. 따라서 수출은 그대로 하면서 무역의 불균형을 줄이는 전략이 더 필요한 정책이다.

미국은 우리에게 방위비를 엄청나게 분담하고자 한다. 이럴 때 방위비 분담으로 관세의 부담을 줄여볼 수 있다. 또한 LNG 같은 에너지 수입을 확대하는 정책도 펼쳐 봄직하다. 이는 경제 전문가들의 조언과 딱 들어맞는 정책이 될지 모른다.

트럼프 제2기는 이제 시작되었다. 따라서 중장기적인 전략과 정책이 필요한 시점이다. 가장 중요한 것이 우리가 투자한 미국 쪽 공장이 얼마나 경쟁력을 가지고 있는지 아주 섬세한 전략이 필요하다는 점이다. 미국은 이 전쟁에서 반드시 승리를 장담할 수는 없는 모양새다. 트럼프 방식의 밀어붙이기식 관세 전쟁의 역풍이 미국 내부에서 일어나고 있다. 미국 전역에서 엄청난 시민들이 들고일어난 것이다. 그러나 트럼프는 눈 하나 깜빡하지 않고 있다. 일종의 줄다리기 작전이 비롯된 셈이다. 우리는 이제 새로운 대통령을 뽑았다. 새 지도자를 통해 강력한 리더십을 요구하며, 특히 지속적인 경제 리더십을 요구한다. 세계의 중심에 우뚝 선 우리의 경제가 여기에서 주저앉을 수는 없는 것이다.

의대생 파행, 아직 갈 길 멀다

  윤석열 전 대통령 탄핵 이후, 의대생들의 수업 복귀 움직임이 일부 감지되고 있다. 본과 고학년을 중심으로 수업에 복귀한 사례들이 나타나면서, 정상화라는 표현이 언론에 오르내리고 있다. 하지만 실제 대학 현장의 분위기는 그와는 거리가 있다. 수업이 시작됐다고 해서 모든 것이 정상으로 돌아온 것은 아니다.

  현재 일부 본과 고학년 학생들이 복귀해 수업을 받고 있는 것은 사실이다. 진료 실습과 국가시험을 앞둔 고학년들의 경우, 현실적인 이유 때문에 복귀를 택하는 경우가 많다. 특히 수업 결손이 진급이나 국시에 직접 영향을 주는 만큼, 선택의 여지가 크지 않다. 하지만 이들 복귀 인원이 전체 의대생의 모든 것을 대변하는 것이 아님을 간과해선 안 된다.

  본과 학생이 수업을 착실히 받아들인 반면, 예과 1·2학년은 여전히 대부분 수업을 거부하고 있다고 한다. 수업 참여율은 현저히 낮고, 심지어 일부 학생들은 학교 측과의 연락을 끊고 잠적

한 상황이다. 온라인 커뮤니티나 단체 채팅방조차 비활성화된 경우도 많아, 학교 입장에서는 학생들의 현황조차 파악하기 어려운 실정이라고 한다. 상황은 갈수록 장기화되고 있는 실정이다. 처음 윤석열 대통령이 이런 훗날을 예측했다면 절대 의료 문제는 섣불리 덤벼들 일이 아니었다.

문제는 복귀 현상이 균일하지 않다는 점이다. 학년별 편차뿐만 아니라 지역별 차이도 뚜렷하다. 일부 수도권 대학에서는 복귀율이 상대적으로 높지만, 지방 의대는 여전히 집단 수업 거부 기조가 강하게 유지되고 있다. 이로 인해 의대 전체 수업이 정상화되었다고 보기엔 무리가 있다는 분석이 지배적이다.

특히 이번 복귀 양상에서 눈에 띄는 부분은 정치적 분위기에 따른 결정이다. 윤석열 전 대통령이 퇴진하자 일부 학생들 사이에서는 정치 상황을 지켜보고 복귀 여부를 판단하겠다는 말이 나왔다. 정권 변화가 학업 복귀와 직결되는 현상은, 정치와 교육이 위험하게 연결돼 있음을 보여준다. 윤석열의 의료 정책이 결국 파면으로 이어지는 단초를 제공한 부분도 있음을 부인할 수 없는 실정이다.

학생 개인이 정치적 신념을 가질 수는 있다. 하지만 의대 교육이 정치 변수에 휘둘리는 구조가 반복된다면, 의료계 전체의 공공성과 중립성에도 의문이 제기될 수밖에 없다. 정치 상황에 따라 수업 참여를 결정하는 분위기는 장기적으로 의사 집단에 대한 국민적 신뢰에도 타격을 줄 수 있다. 향후 어떤 지도자가 나타나도 의료개혁 문제는 충분한 협의를 거쳐서 해야지 신속히 매듭지을 사안은 아닌 것이다.

물론 시간이 지나면서 복귀율은 조금씩 올라갈 가능성도 있다. 출석일 수 부족, 진급 불가, 국시 응시 제한 등 제도적 압박이 존재하기 때문이다. 수업이 일정 기간 진행된 이후에는 이제 돌아가도 늦지 않을까 하는 분위기가 형성될 수도 있다. 일부 대학에서는 이를 복귀의 분수령으로 보고 있다고 한다.

하지만 이러한 복귀가 자발적인 공감이나 설득의 결과가 아니라 어쩔 수 없음에서 비롯된 것이라면, 교육 현장의 회복은 여전히 요원하다. 정부나 대학은 단순히 언젠가는 돌아오겠지라는 태도보다, 학생들과의 직접적인 소통과 신뢰 회복에 집중해야 한다.

지금은 단순히 복귀 인원수에 집중할 때가 아니다. 학생들이 왜 돌아오지 않았는지, 돌아오려면 무엇이 필요한지에 대한 질문이 더 중요하다. 일방적 지시나 언론 압박으로는 의대생들의 마음을 돌리기 어렵다. 지금 필요한 건 긴 호흡의 대화와 설득이라고 생각한다.

의대생 수업 복귀는 이제 시작일 뿐이다. 복귀했다는 이유로 갈등이 끝났다고 착각해선 안 된다. 실질적인 정상화는 모든 학생이 수업에 참여하고, 교육 현장이 다시 제 기능을 할 때 비로소 가능하다. 그리고 그 출발점은 이해와 소통에서 시작된다. 정권이 바뀌었다고 해서 과거로 돌아가는 것도 안 된다. 이제 무엇인지 실체적인 변화를 추구할 때라는 것을 절대 잊어서는 안 될 것이다.

탄핵 이후, 무너진 신뢰를 어떻게 회복할 것인가

　윤석열 대통령에 대한 탄핵소추안이 인용되면서, 대한민국 헌정사에 다시 한번 깊은 상처가 새겨졌다. 대통령 탄핵은 단순한 정치 사건이 아니다. 국정을 책임져야 할 최고 통치자가 헌법과 법률을 위반했다는 헌법재판소의 판단이 내려진 순간, 국가는 위기의 강을 건넌 셈이다.

　탄핵 이후 상황은 예상보다 더 거칠다. 대통령 측은 오히려 강경한 입장을 보이며, 정치적 책임은커녕 반격의 태세를 취하지 않았는가. 그들은 비상계엄을 계몽령이라 규정하고, 야당과 시민사회를 오히려 내란세력이라고 몰아붙였다. 국회에서 모든 절차에 의해 결정된 탄핵을 부정하며, 국가 위기 상황을 만든 책임조차 회피하려고 안간힘을 썼다.

　일각에선 이 상황을 일종의 '친위 쿠데타'로 해석하기도 한다. 헌정적 질서를 부정하며, 정권 유지를 위한 선동과 여론전을 이어가는 모습 때문이다. 대통령 권한에 해당하는 비상조치나 계엄령 같은 용어까지 등장했던 현실은, 민주주의의 근간을 흔드는 시도나 다를 바가 없었던 것이다.

비상계엄으로 인한 탄핵의 여파는 정치에만 머물지 않는다. 경제가 직격탄을 맞았다. 글로벌 투자자들은 한국의 정치 리스크를 불안 요인으로 간주했고, 외국 자본의 이탈이 이어지기 시작했다. 환율 불안정과 주가 하락은 물론, 내수 경기 침체와 고용 불안이 사회 전반에 드리워졌다.

윤 대통령은 결국 파면되었지만 이제 무너진 신뢰의 회복이 급선무다. 내란 잔당이라 불릴 만큼 사회 혼란을 야기한 세력들에 대한 엄정한 책임 추궁 없이는 질서가 바로 설 수 없다. 민주주의는 법의 지배 위에 서야 하며, 권력의 오용에 대해서는 반드시 대가가 따르게 해야 한다.

무너진 신뢰

국회와 사법기관은 더욱 냉정하고 단호하게 헌정 질서를 지켜야 한다. 시민의 권리를 억압한 모든 행위, 선동과 허위 정보 유포, 정권 비호를 위한 권력 기관 동원 등에 대해서는 철저한 조사가 따라야 한다. 책임자에 대한 합당한 처벌 없이는 어떤 수습도 설득력을 갖기 어렵다고 할 것이다.

무엇보다 민생을 최우선에 둬야 한다. 정치 혼란 속에서도 국민의 삶은 계속된다. 중소기업의 도산을 막고, 청년 고용을 회복하며, 물가 안정을 위한 긴급한 조치가 필요하다. 지금 국민이 원하는 것은 정치적 승패가 아니라 먹고사는 문제의 해결이다. 오죽하면 잘사니즘이란 공약이 등장했을까.

탄핵 정국은 사회 전체를 극도로 분열시켰다. 이념과 진영을 넘어, 국민 통합의 길로 나아가기 위한 정치권의 진정성 있는 자세가 절실하다. 여야 모두 반성과 성찰 위에 대화를 시작해야 한다. 정쟁으로 연명하는 정치는 이제 끝내야 한다. 새로운 대통령을 맞이한 우리가 새로운 질서 속에 평화롭고 잘사는 나라를 만들어야 하지 않겠는가.

또한 제도적 정비가 필요하다. 대통령의 권한 남용을 방지하고, 견제와 균형이 실질적으로 작동하는 헌정 시스템을 정비해야 한다. 권력 기관의 정치적 중립성을 확보하고, 언론과 사법부의 독립성을 제도적으로 보장해야 한다. 언론의 독립을 보장하고 사법부의 전문성과 독립성 또한 보장해야 한다.

무너진 국제 사회의 신뢰를 회복하는 것도 중요한 과제다. 정치의 불확실성은 경제의 가장 큰 적이다. 대한민국이 다시 성장의 발판을 마련하려면, 민주주의의 복원과 함께 투명하고 안정적인 정치 시스템을 증명해야 한다. 그것이 국격 회복의 출발점이 되어야 한다. 대한민국은 세계 역사에서 반세기 만에 경제대국을 일으킨 유일한 나라가 아닌가.

트럼프발 관세 전쟁, 그 파장은 어디까지인가

도널드 트럼프 전 미국 대통령이 전격적으로 발표한 상호 관세 조치는 전 세계에 충격을 던졌다. 특히 한국에 26%라는 높은 관세를 매기면서 한미 자유무역협정(FTA)은 사실상 무력화됐다. 자유무역에 기대어 성장해온 한국 경제에 빨간불이 켜진 것이다.

이번 조치는 무역 흑자를 근거로 한 매우 단순한 계산에서 출발했다. 미국은 한국이 1315억 달러를 수출하고 660억 달러 흑자를 보고 있으니 이를 50%라 보고, 그 절반인 25%를 관세로 때리겠다는 것이다.

그러나 이는 국제 무역의 기본 원칙과 전혀 맞지 않는 '엉터리 계산'이다. 정식 근거도 없고, 오히려 국제 신뢰를 해치는 결정이라 할 수 있다. 세계를 향해서도 이런 관세를 매긴 트럼프 정부에 대해 세계의 반응 역시 신뢰할 수 없는 조치라고 일파만파 저항이 커지고 있다.

관세는 상대국 기업에만 부담을 주지 않는다. 관세로 인해 미국 내 물가가 상승하고 소비자의 지출은 늘어난다. 실제로 미국 경제학자들은 자동차에만 25%의 관세가 붙을 경우, 가구당 연간 500달러 이상 지출이 늘어날 것이라고 경고했다. 결국에 트럼프의 관세 조치는 자충수가 될 수 있다는 것이다.

한국 기업들은 중국을 떠나 베트남, 미얀마, 인도네시아 등지로 생산 기지를 옮겨왔지만, 이들 국가에도 높은 관세가 매겨지면서 한국의 수출 전략은 큰 타격을 입게 됐다. 우회 수출 길마저 막히고 있는 상황이다. 더 나아가, 미국 수출길이 막힌 중국 제품이 글로벌 시장으로 쏟아지면 한국 중소기업들은 가격 경쟁에서 밀릴 수밖에 없다.

한국은 단순한 무역 파트너를 넘어 미국과 안보를 공유하는 특수한 관계에 놓여 있다. 유럽처럼 즉각적인 보복 관세를 매기기도 어렵다. 미국의 압박을 그대로 받아들이자니 손해가 크고, 맞대응을 하자니 외교적 부담이 크다. 이른바 '안보와 경제의 이중 굴레'에 갇힌 셈이다.

이런 와중에 국내 정치와 사회도 혼란스럽다. 헌법재판소의 중대한 윤석열 대통령 파면 선고를 통해서 국론은 극단으로 나뉘고 있다. 국민 사이의 갈등도 깊어지고 있는 실정이다. 무역 충격까지 겹치며 우리 사회는 여러 위기가 동시에 덮친 형국이라 할 수 있다.

이제는 정부와 기업이 따로 움직일 때가 아니다. 함께 머리를 맞대고 위기를 헤쳐나갈 지혜가 필요하다. 미국과의 협상 테이블을 하루라도 빨리 마련하고, 우리 입장을 조리 있게 설명할 외교력이 절실하다. 지금은 감정이 아닌 전략이 필요한 시점이다. 한덕수 대통령 권한대행이 트럼프 대통령과 진지하게 통화를 했다고 하지만 실제 얼마나 도움이 될지 미지수다.

트럼프발 관세전쟁 개시

한편으로는 이번 사태를 계기로 지나치게 미국 중심으로 쏠린 무역 구조를 되돌아볼 필요도 있다. 새로운 수출 시장을 개척하고, 국내 산업의 경쟁력을 높여 '외풍'에 흔들리지 않는 경제 체질을 만드는 것이 장기적 과제다. 이번 트럼프 관세정책을 계기로 중국은 철저히 보복 관세를 매겼고, 유럽연합(EU)도 40여 개국이 단합해 대응방식을 모색하고 있다.

국제 정세는 언제든 흔들릴 수 있다. 하지만 그 안에서도 원칙과 실력을 갖춘 국가는 살아남는다. 위기는 분명 위협이지만, 기회의 시작이 될 수도 있다. 지금 우리는 중요한 선택의 갈림길에 서 있다. 우리는 속히 새로운 정부를 맞이하였으니 이에 대비하고, 대책을 세워 경제전쟁에 대처하기 바란다.

한미동맹과 한일관계, 그리고 안개 속의 외교 행로

윤석열 정부 출범 이후, 한국의 외교는 분명한 방향성을 지니고 있었다. 한미동맹은 그 어느 때보다도 견고해졌고, 한일관계 역시 과거사 문제를 넘어서 실용적 협력으로 전환되며 개선의 기미를 보였다. 특히 2023년 캠프 데이비드에서 발표된 한미일 정상회담 공동성명은 3국 협력을 획기적으로 강화한 사례로 평가된다. 대북 억제력도 공동 핵 억제 메커니즘 구축이라는 구체적인 안을 통해 그 실효성을 높였다.

캠프 데이비드 선언은 단순한 외교적 수사가 아닌, 전략적 구심점 역할을 했다. 3국은 안보 협력뿐 아니라 경제, 기술, 공급망 등 다양한 분야에서 협력을 약속했다. 이는 북중러 삼각 협력이 강화되는 상황에서 민주주의 가치를 공유하는 국가들이 연대하는 상징적 조치였다.

한일 관계도 눈에 띄는 개선을 이뤘다. 과거사 문제로 수년간 얼어붙었던 외교가 복원되었고, 정상 간 셔틀 외교가 재개되며 신뢰 회복의 단초를 마련했다. 일본이 한국을 화이트리스트 국가로 복원하고, 한국 역시 일본의 초청에 G7 정상회의에 참석하는 등 상호 협력의 폭이 넓어졌다.

하지만 이러한 외교적 성과들은 윤석열 대통령의 탄핵이라는 국내 정치적 격변을 맞으며 불확실성의 소용돌이에 휘말리게 되었다. 대외 정책은 정권의 철학과 직결되는 만큼, 차기 정부가 어떤 기조를 택할지에 따라 한미일 협력 구조도 변동이 예상된다고 하겠다.

한미일 동맹 강화

특히 진보 진영에서 정권을 재탈환할 경우, 한미일 3각 동맹 강화에 신중한 접근을 취할 가능성이 있다. 대북정책 역시 강경 일변도에서 벗어나 대화와 협상을 중시하는 방식으로 전환될 수 있으며, 이는 기존의 대북 억제 구상에 균열을 가져올 수 있는 것이다.

한일관계 역시 불확실성이 크다. 과거사 문제 해결에 있어 지난 진보 정권은 보다 피해자 중심의 접근을 취해왔고, 일본과의 외교에서도 국민 정서를 고려한 조율이 많았다. 이는 협력보다는 갈등 완화에 초점이 맞춰질 수 있다는 뜻이다.

물론 국제정세의 변화는 정권의 성향을 뛰어넘는 강제성을 지닌다. 미중 경쟁 심화, 북핵 위협 고조, 러시아의 우크라이나 전쟁 등 복합적인 외교환경 속에서 한국은 전략적 선택을 강요받고 있다. 이에 따라 정권이 바뀐다고 해도 일정 수준 이상의 외교 기조는 유지될 수밖에 없다.

그럼에도 불구하고, 지금의 안보·외교 체계가 정권 교체라는 변수를 만나 얼마나 일관성을 유지할 수 있을지는 의문이다. 동맹과 외교는 일시적 선언이 아니라 장기적 신뢰의 산물이기 때문이다. 정권 교체에 따라 기존의 외교정책이 흔들린다면, 국제사회에서 한국의 신뢰도에도 타격이 불가피하다.

향후 과제는 명확하다. 정권 변화 이후에도 국가의 핵심 외교 노선에 대한 '초당적 합의'가 필요하다. 한미동맹, 한일관계, 대북정책 등에서 일관성과 예측 가능성을 유지하려는 노력이 있어야만, 한국 외교가 '안갯속'을 벗어나 다시금 확실한 항로를 찾을 수 있을 것이다.

정치가 사라진 자리

 정치가 무너지고 있다. 국회는 싸움터가 되었고, 정당은 국민이 아니라 자신들만을 위한 진영이 되었다. 정치인은 국민을 대표한다지만, 그들의 말과 행동에는 국민이 보이지 않는다.
 배지를 달면 달라진다. 선거 전에는 국민을 섬긴다고 하던 이들이, 막상 당선되면 국민은 뒷전이다. 눈앞에 보이는 건 당의 이익뿐이다. 표 계산, 이미지 관리, 상대당 흠집내기. 이게 지금의 정치의 모습이다.
 정치란 대화와 타협으로 완성되는 것이다. 하지만 지금 정치권은 타협을 모른다. 반대를 위한 반대, 고성을 위한 고성, 법안 하나 처리하려 해도 당리당략이 우선이다. 이 나라의 미래는 어디로 가게 될지 염려스럽다.
 국민은 점점 정치에서 멀어진다. 흥미가 없어서가 아니다. 실망해서다. 국민은 지켜보며 말한다. 또 싸운다. 또 자기들끼리 싸운다. 이처럼 정치가 국민의 삶을 책임져야 하는 이유를 잊었다.

이러한 정치의 말로는 언제나 똑같다. 국민을 잃고, 지지를 잃고, 결국 나락으로 떨어진다. 지금 벌어지고 있는 여야 대치, 윤석열 대통령에 대한 파면은 그 끝을 보여주는 장면일지도 모른다.

여당은 오만했고, 야당은 정치 투쟁에만 몰두했다. 여당은 권력을 등에 업고 국민의 목소리를 무시했다. 야당은 오직 정권 타도라는 구호에만 매달렸다. 국민의 삶은 그들의 머릿속에 자리하고 있지 않았다.

정치는 국민을 위한 것이다. 당을 위한 것이 아니다. 정당은 도구이지 목적이 아니다. 하지만 지금은 당이 목적이 되고, 국민은 수단으로 전락했다. 이것이 정치권의 가장 큰 병폐라 할 수 있다.

우리는 질문해야 한다. 이들이 진짜 우리의 대표인가? 우리는 왜 투표를 했는가? 정치에 무관심해서는 안 된다. 정치가 우리 삶을 바꾸기 때문이다. 정치를 감시해야 한다. 끝없이 감시해야 한다.

지금이라도 정치권은 정신 차려야 한다. 국민이 지켜보고 있음을 알아야 한다. 그리고 진정성 있는 정치, 책임 있는 정치를 보여줘야 한다. 아니면 국민은 그들을 버릴 것이다. 투표와 행동으로 분명히 보여줄 것이다.

정치가 국민을 잊는다면 국민도 정치를 외면할 것이다. 그때는 늦는 것이다. 지금이라도 정치가 국민을 다시 바라보길 바란다. 그게 나라를 살리는 길이다. 이렇게 간단한 논리와 간단한 의무를 왜 실천하지 못하는가.

중소기업과 자영업자의 절규, 누구도 듣지 않았다

대한민국 경제가 깊은 늪에 빠졌다. 지표는 말을 아끼고 있지만, 현장은 이미 한계점에 도달했다. 특히 중소기업과 자영업자의 위기는 눈에 띄게 심각하다. 이들은 버티는 것이 유일한 생존 전략이 되었고, 그 버팀조차 끝을 향해 치닫고 있다.

중소기업의 상황은 파탄 직전이다. 원자재 가격 상승, 고금리, 고환율, 인건비 부담이 동시에 덮쳤다. 기술력은 있지만, 자금 여력이 없는 기업들이 줄줄이 도산하고 있고, 그 빈자리를 외국계 자본이나 대기업이 차지하고 있다. 산업의 허리 역할을 하는 중소기업의 몰락은 국가 경제 전반의 붕괴를 예고하는 신호탄이다.

자영업자의 상황은 더욱 참담하다. 통계청에 따르면 신생 자영업자의 70% 이상이 3년을 채우지 못하고 문을 닫는다. 임대료는 오르고, 소비는 줄고, 인건비까지 치솟으며 이중삼중의 고통이 이어지고 있다. 코로나19 이후 회복의 기회를 잡기도 전에, 금리 인상과 경기 침체가 다시 덮쳤다. 이제는 빚으로 하루하루를 연명하고 있는 자영업자들이 속출하고 있다.

이 모든 혼란의 중심에는 정치가 있다. 무엇보다 대통령의 경제 인식과 대응은 안이했다. 시장의 흐름과 서민의 고통을 체감하지 못한 채, 대기업 중심의 산업 구조와 재벌 중심의 규제 완화에만 몰두했다. 경제의 가장 아픈 부분을 외면한 결과, 지금의 양극화와 산업 붕괴는 불가피했다.

국회의 책임도 크다. 여야는 오랜 시간 정쟁에 매몰됐고, 타협과 협치라는 민주주의의 기본 원칙을 포기했다. 민생 법안은 항상 뒷전이었다. 선거 앞두고는 인기 있는 법안만 통과시키고, 정작 구조개혁이 필요한 분야는 손도 대지 않았다. 국회는 국민의 삶보다 당의 이익을 먼저 챙겼고, 그 결과 경제는 구조적 위기를 맞았다.

서민층의 상황은 말할 수 없이 참담하다. 신용불량자는 빠르게 늘고 있으며, 금융권뿐 아니라 대부업까지 빚에 의존하는 이들이 급증하고 있다. 생계비 지출을 줄이기 위해 의료, 교육, 주거 모두를 포기하고 있으며, 이는 중장기적으로 사회적 위기를 낳게 될 것이다. 사회안전망은 턱없이 부족하고, 복지 제도는 사각지대를 외면하고 있다.

건설경기는 최악이다. 자재비는 두 배 가까이 올랐고, 인건비 상승률도 가파르다. 민간 분양 시장은 얼어붙었고, 공공사업도 예산 부족으로 멈췄다. 건설업계 연쇄 부도는 금융권의 부실로 이어지고, 이는 다시 중소기업과 하청 업체의 붕괴를 낳는다. 경제는 연결되어 있고, 무너지는 속도는 아주 빠르다.

그럼에도 정치권은 반성하지 않는다. 책임 회피에만 급급하고, 상대 당을 향한 비난과 정치적 유불리에만 몰두한다. 문제는 해법이 없다는 게 아니라, 관심이 없다는 데 있다. 현장의 고통은 숫자로만 보고되며, 그 숫자조차 정치적으로 해석되고 있는 것이다.

이제는 다른 방식의 정치가 필요하다. 민생의 본질을 다시 마주하고, 산업의 현실을 있는 그대로 직시해야 한다. 여야는 협치를 실천으로 보여야 하며, 대통령 역시 경제의 중심을 재점검해야 한다. 현장과 단절된 정치는 더 이상 존재할 이유가 없는 것이다.
　정치의 존재 이유는 국민의 삶을 지키는 데 있다. 경제를 살리겠다는 말은 이제 그만하고, 실제로 살려야 한다. 그래야 대한민국이라는 거대한 구조가 다시 일어설 수 있다. 그렇지 않으면 무너지는 것은 산업이 아니라, 국가 그 자체일 것이다. 이는 생각만 해도 섬뜩한 일이 아닐 수가 없다.

헌정질서 파괴, 미수도 용납할 수 없다

 헌정질서란 단순한 정치 체계가 아니다. 그것은 민주주의 사회의 기둥이며, 우리가 함께 세운 사회적 약속의 총합이다. 이 질서를 무너뜨리려는 시도는 곧 국민에 대한 도전이며, 민주주의에 대한 전면적인 공격이다. 그렇기에 헌정질서 파괴는 반드시 처벌되어야 하며, 그 시도가 미수에 그쳤더라도, 혹은 조력자의 위치에 있었더라도 면책되어서는 안 된다.

 대한민국 형법은 이 점에서 단호하다. 형법 제87조는 국토를 참절하거나 국헌을 문란할 목적의 내란 행위에 대해 사형, 무기징역, 또는 5년 이상의 중형을 규정한다. 특히 내란의 수괴에 대해서는 형법 제88조를 통해 사형이나 무기징역이라는 최고 수준의 형벌을 예외 없이 부과한다. 국가의 뿌리를 흔든 자에게는 예외도, 관용도 없다.

 그뿐 아니다. 내란을 직접 실행하지 않았더라도, 이를 선동하거나 유인한 자는 형법 제90조에 따라 1년 이상의 유기징역에 처해

진다. 또한 내란을 실행하려다 미수에 그친 경우에도 처벌받는다. 형법 제91조가 이를 명시하고 있다. 내란은 '시도' 자체로 이미 범죄인 것이다. 결과보다도, 행위의 목적과 본질에 법은 주목한다.

무엇보다도 중요한 조항은 형법 제92조다. 내란을 방조하거나 옹호한 자, 그리고 그 증거를 은닉한 자 역시 처벌받는다. 최대 5년 이하의 징역, 또는 벌금이 부과된다. 이는 내란이 단독 범죄가 아닌, 구조적 범죄라는 인식을 전제로 한다. 누군가가 폭동을 계획하고, 누군가는 그 뜻에 동조하고, 또 누군가는 이를 덮어준다. 이 모두가 공동의 책임자다.

오늘날 우리는 이 기준을 다시 돌아봐야 할 시점에 와 있다. 헌정질서를 위협했던 자들, 그리고 그들을 비호하고 정당화하려는 정치적 움직임이 곳곳에서 감지되고 있기 때문이다. '결국 실행하지 않았으니 죄가 아니다', '정치적 표현이었다', '탄핵으로 끝났으니 처벌은 과하다'는 식의 논리는 헌법 앞에서 설 자리가 없다.

헌법과 형법은 우리 사회가 유지되는 최소한의 질서다. 내란에 대한 단호한 법적 기준은 단지 과거의 범죄자를 처벌하기 위한 수단이 아니라, 미래의 유사한 위협을 차단하기 위한 예방장치다. 헌법을 뒤흔들려 했던 자가 처벌받지 않는다면, 또 다른 위기가 언제든 반복될 수 있는 것이다.

정치는 책임이 따른다

　정치는 용서와 타협의 영역이지만, 헌법은 그렇지 않다. 헌정질서를 파괴하려는 시도에는 분명한 책임이 뒤따라야 한다. 그것이 완전한 성공에 이르지 않았더라도, 단지 동조했거나 은폐에 가담했더라도, 모두가 그 책임의 사슬에서 벗어날 수 없다.

　민주주의는 방관과 중립의 허울 아래 무너지지 않는다. 오히려 그 적들을 엄정하게 규명하고 처벌함으로써 살아 숨 쉬는 것이다. 대한민국은 숙련된 민주공화국이기 때문에 행동에 대한 분명한 책임과 처벌이 뒤따른다는 점을 간과해선 안 될 것이다.

헌법 질서와 민주주의의 경계에서

최근 윤석열 대통령의 파면을 둘러싼 정국은 대한민국 정치사에 깊은 흔적을 남기고 있다. 대통령 파면이라는 초유의 사태를 두고 국민의 분열은 극심해졌고, 정치권은 물론 사회 전반의 신뢰도 흔들리고 있다. 이러한 위기 상황 속에서 우리는 헌법과 민주주의의 본질을 다시 한번 되짚어봐야 한다.

이번 사태의 직접적인 배경에는 다수당이 된 야당의 공세가 있었다. 야당은 자신들이 확보한 의석수에 힘입어 대통령의 국정 운영을 견제하고자 했다. 그러나 다수당의 횡포로 비칠 수 있는 정치적 판단일지라도, 국회는 헌법이 부여한 자구책 안에서 견제와 균형을 이루도록 노력했어야 한다. 의회 다수의 힘이 곧 정당성을 의미하지는 않는다. 헌법은 민주주의 원리에 기반해 국회의 권한도 제한하고 있음을 잊어서는 안 된다.

질서와 민주주의의 경계

윤석열 전 대통령 역시 책임에서 자유롭지 않을 것이다. 2024년 국회의원 총선은 대통령에게 국정 기조를 국민에게 설명하고 지지를 이끌어낼 수 있는 중요한 기회였다. 하지만 그 기회를 충분히 살리지 못했다. 국민 다수는 야당을 선택했고, 이는 곧 대통령의 국정 운영에 대한 견제와 균형을 요구하는 민심의 표현이었다. 이게 민주주의 방식이니까 당연한 이치인지도 모른다.

더 나아가 대통령은 헌법 개정안을 발의하거나 국민투표를 통해 국정 운영의 정당성을 묻는 방법도 있었다. 또한 정부 입법 기능을 활용하여 정책적 지지를 확보할 수도 있었다. 헌법과 법률은 대통령에게도 수단을 부여하고 있었으나, 이를 적극적으로 활용하지 않은 점은 분명 아쉬움으로 남는다.

대통령 파면이란 행위는 단순한 정치적 결단이 아니다. 그것은 국정의 방향성을 뒤흔드는 중대한 결정이며, 국제사회에도 큰 파장을 미친다. 국익 훼손이 우려되더라도, 이를 막는 방법은 법률과 헌법이 허용하는 범위 안에서 이루어져야 한다. 민주주의는 결과보다 절차를 중시한다는 점을 다시 강조할 필요가 있다.

오늘날 우리는 헌법의 테두리 안에서 얼마나 성숙한 정치 문화를 만들어가고 있는지 되돌아봐야 한다. 야당의 권력 행사도, 대통령의 국정 운영도 모두 헌법이라는 울타리 안에서 이뤄져야 한다. 정치적 불만이 헌법적 질서를 무너뜨려선 안 된다. 민주주의는 서로 다른 의견 속에서도 질서를 지키며 공존하는 시스템이기 때문이다.

앞으로의 대한민국은 이번 사태를 교훈 삼아야 한다. 정당 간의 경쟁은 필요하지만, 그 경쟁이 국민의 신뢰를 훼손하는 방식이어서는 안 된다. 헌법과 민주주의 절차를 존중하면서 문제를 해결하려는 성숙한 정치 문화가 절실히 요구된다. 이것이야말로 진정한 국익을 지키는 길이다. 국회와 정부는 싸우고 갈등하는 대상이 아니라 타협과 협치의 대상임을 절대 잊어서는 안 될 것이다.

다시 윤석열이 아닌, 윤 감옥으로

 탄핵된 전직 대통령 윤석열을 둘러싼 정치적 파장이 여전히 거세다. 파면 이후에도 일부 지지세력은 윤석열 어게인, 다시 대통령이라는 슬로건을 외치며 신당 창당을 도모하고 있다. 그 중심엔 청년 세력이 있다는 점이 흥미롭다. 미래를 이야기해야 할 청년들이 과거에 기대는 아이러니한 장면이다.
 이 움직임은 김용현 전 국방부 장관의 옥중서신으로 불이 붙었다. 김 전 장관은 편지에서 다시 대한민국, 다시 윤석열, 다시 대통령, 이라는 구호를 내걸었다. 그러나 이 문구에서 느껴지는 건 비전이 아니라 회귀다. 무너진 질서와 신뢰 위에 다시 서보겠다는 무책임한 외침일 뿐이다.
 현실은 다르다. 윤석열은 선거권을 박탈당했고, 형사재판을 받고 있다. 법적으로나 정치적으로나 그의 복귀는 거의 불가능에 가깝다. 형사책임을 벗어나 복권 절차까지 거쳐야 한다. 그 과정이 얼마나 험난하고 불투명한지는 누구나 알고 있다. 다시 대선에 나온다는 건, 현실 인식의 부재이자 착각의 정치다.

국민 대다수는 이런 움직임에 동의하지 않는다. 윤 어게인이란 구호에 윤 감옥으로라는 대답이 돌아온다. 그것이 민심인 것이다. 정치적 책임은 물론 법적 책임도 지지 않은 채 다시 권력을 논한다는 것 자체가 국민 정서와는 거리가 멀다고 하겠다.

무엇보다 정치란 책임의 결과다. 탄핵이라는 헌정사 불명예의 사태를 초래한 인물이 다시 정치를 논할 수 있다는 건, 국민에 대한 모독이다. 정치는 권력의 재생산이 아니라, 신뢰의 회복이어야 한다. 그 신뢰는 윤석열이 이미 저버렸다고 밖에 평가할 수 없는 것이다.

청년 세력이 이 흐름에 동참하는 것도 문제다. 청년 정치가 퇴행적 상징에 기댈 때, 정치는 미래를 잃는다. 지금 청년에게 필요한 건 새로운 질서와 가치다. 윤석열이라는 낡은 틀에 갇혀 미래를 보지 못한다면 그것은 또 하나의 정치 실패다.

탄핵 이후에도 윤석열을 둘러싼 정치적 환상은 여전하다. 그 환상은 과거에 대한 집착이자 현실을 외면하는 정치 감성이다. 그러나 감성은 통치를 만들지 못한다. 책임 없는 감성 정치는 또 다른 혼란만을 낳는다.

이제는 정치적 책임이 필요한 시기다. 윤석열은 법의 심판대 위에 서 있고, 국민은 냉정한 눈으로 이를 지켜보고 있다. 감정이 아닌 판단, 충성이 아닌 법이 중심이 되어야 한다. 그것이 자유 민주주의 원리인 것이다.

다시 윤석열이 아니라, 다시 정의요 다시 국민이다. 정치는 특정 인물의 재림이 아니라, 국민 주권의 회복이어야 한다. 윤 어게인이 아니라, 대한민국 리셋이 필요한 때다. 이 판을 흔들 진짜 정치가 시작되어야 한다. 우리는 이제 그런 시대를 열었다. 어떻게 펼쳐나가느냐가 대한민국 발전의 미래를 좌우하는 것이다.

윤 어게인, 밈을 넘어선 정치적 신호인가

최근 유명 한국사 강사 전한길 역시 윤 어게인을 외치며 정치적 의사를 표명한 사실이 화제다. 그의 영향력과 인지도를 고려할 때, 단순한 개인의 외침으로 보기엔 무언가 남는 여운이 있다. 윤 어게인이라는 구호는 단순히 인터넷 밈으로 소비되기보다, 우파 진영 내 결속의 상징이 되어가고 있다.

하지만 이 같은 현상이 대권이나 차기 정부에 실실직인 영향을 미칠 수 있을지는 여전히 미지수다. 대중의 반응은 다양하고, 특히 청년층 사이에서는 일부가 과격할 정도로 추종하지, 대체적으로 회의적 시선이 우세하다는 평이다. 이렇듯 윤석열 정부에 대한 평가는 엇갈리고 있으며, 특히 비상계엄 논란 이후 신뢰의 균열이 깊어졌다는 분석도 많이 나오고 있다.

비상계엄에 대한 헌법재판소의 판단은 정치사적으로도 중대한 사건이었다. 내란의 소지가 있다는 평가, 그리고 실제로 내란 행위로 해석하고 파면을 선고함으로서 윤석열이라는 정치인의 정당성을 크게 흔들었다. 민주주의를 지향하는 헌정 질서 내에서 이는 간과할 수 없는 중대한 판단이었을 것이다.

국민에게는 이런 내란적 시도에 대해 알 권리가 있다. 역사를 잊은 민족에게 미래는 없다는 단재 신채호의 말처럼 정치사 속에서 반복되어선 안 될 사건을 기억하는 것은 사회 전체의 책무이기도 하다. 일종의 민주주의적 면역 시스템을 갖추기 위한 기본 전제이기 때문이다.

특히 이 문제는 단지 윤석열 개인의 정치 생명에 국한되지 않는다. 향후 정치인들이 권력을 오남용하지 않도록 하는 중요한 선례가 된다. 국민이 주권자라는 민주주의 원칙은, 이러한 사건을 대충 넘어가선 안 된다는 교훈을 남기고 있다.

전한길 강사와 같은 대중적 인물들이 정치적 입장을 드러내는 행위는 그 자체로 공론장의 확장을 의미한다. 그러나 동시에 그 발언의 역사적 무게에 대한 책임도 따른다. 단순히 개인의 신념이 아닌 그 신념이 사회에 미치는 파장을 고려해야 한다는 것이다.

정치적 메시지가 밈으로 소비될 때, 그 안에 담긴 진지한 맥락은 왜곡되기 쉽다. 윤 어게인이라는 말이 단지 웃음거리로 지나가거나, 무비판적으로 소비된다면 오히려 민주주의의 역행이 될 수도 있다. 그런 점에서 대중은 이러한 메시지를 비판적 사고로 걸러내는 능력을 가져야 하지 않을까.

이번 사건은 우리가 얼마나 정치적 감수성을 잃었는지를 되돌아보게 한다. 민주주의는 투표만으로 이루어지지 않는다. 정치적 판단과 역사적 이해, 그리고 사회적 연대가 함께 작동해야 유지될 수 있는 체계다. 우리는 지금 그 기초를 되돌아보는 중대한 순간에 있다는 사실을 기억할 필요가 있다.

후손들에게 어떤 대한민국을 물려줄 것인가. 내란적 행위가 당당하게 정치 무대에 재등장하는 것을 방관할 수는 없다. 이 땅의 민주주의를 지켜낸 수많은 이들의 희생을 기억한다면, 오늘의 정치 또한 더 엄중하게 평가해야 할 것이다.

윤석열 대통령의 과오(過誤)에 대한 평가가 일회성 사건으로 끝나서는 안 된다. 그 평가와 기록은 반드시 역사에 남아야 하며, 다시는 이런 일이 재발하지 않도록 민주적 감시가 필요하다. 그것이 바로 우리가 다음 세대에게 줄 수 있는 가장 값진 정치적 유산이라 할 수 있을 것이다.

충성의 말과 권력의 그림자

윤석열 전 대통령이 퇴임하며 측근에게 남긴 말이 화제다. "사람을 만날 때는 충성하는 자를 만나야 한다"는 이 조언은, 듣는 이에게 충성심을 기준으로 사람을 가리라는 의미로 해석된다. 하지만 이 발언이 논란이 되는 이유는, 윤 전 대통령 스스로가 과거 "나는 사람에게 충성하지 않는다"는 말로 대중의 주목을 받고 정치적 부상까지 이뤘던 인물이기 때문이다. 충성하지 않겠다는 자가, 충성하는 사람을 가까이 두라고 말한 것. 정치적 역설이 아닐 수 없다.

윤 전 대통령의 "사람에게 충성하지 않는다"는 발언은 원칙주의, 독립성, 정의감으로 해석되며 그를 대권으로 이끈 대표적 상징어였다. 당시 그는 권력의 압박에도 불구하고 직무의 독립성을 지키는 인물로 비쳐졌고, 많은 국민이 그의 소신에 박수를 보냈다. 이 발언은 단순한 수사가 아니라, 윤석열이라는 인물의 정체성을 대변하는 일종의 정치적 선언이었다.

하지만 임기를 마치고 돌아서며 남긴 조언은 그런 정체성과 충돌한다. 정치와 권력의 세계에서 '충성'은 종종 '맹목적 복종'과 다르지 않다. 충성을 강조하는 순간, 비판과 견제는 사라지고 권위에 기대는 집단적 착각이 권력을 감싼다. 윤 전 대통령이 만약 진정한 충성을 말하려 했다면, 그것은 '국가에 대한 충성', '법과 원칙에 대한 충성'이어야 했을 것이다. 그러나 그가 언급한 맥락은 인물 중심적 충성에 가까웠다.

이러한 모순은 윤 전 대통령 개인의 문제를 넘어 한국 정치의 고질적 병폐를 비춘다. 원칙을 말할 땐 정의의 편에 서고, 권력을 쥔 뒤에는 사람의 충성을 요구하는 이중적 태도는 유권자들에게 깊은 허탈감을 안긴다. 정치인은 신념을 통해 평가받고, 퇴임 후엔 말의 무게로 기억된다. 그러나 앞뒤가 다른 언행은 결과적으로 본인의 명예에도 그림자를 드리운다.

사람에게 충성하지 않아

윤석열 전 대통령이 남긴 말은 결국 권력의 끝자락에서 드러난 인간적 솔직함일 수 있다. 하지만 그 솔직함이 앞서 내세운 원칙과 충돌할 때, 우리는 정치인의 말보다 일관성을 보게 된다. 충성은 요구해서 생기는 것이 아니라, 신뢰와 정당성 속에서 자연스럽게 따라오는 것이다. 그 단순한 진실을 놓친 순간, 한 시대의 언어는 자기모순에 스스로 무너진다.

사저정치 아웃

 윤석열 정권이 마침내 막을 내렸다. 국정의 무게를 감당하지 못한 채 무너진 권력은, 그 끝에서조차 책임 있는 반성과 사과 한마디 없이 자취를 감췄다. 퇴진이 아닌 축출로 끝난 그의 임기는, 그 자체로 현 보수 정치의 치욕적 단면이자 구조적 한계를 드러낸다. 윤석열 개인의 실패를 넘어서, 이를 지켜보며 묵인했던 정치 세력 전체에 대한 심판이 시작된 것이다. 이러한 시점에서 보수가 회생하려면 무엇보다 정직하게 과거를 직시해야 하며, 그 중심에는 윤석열과 김건희를 향한 단호한 단절이 있어야 한다.
 무엇보다 김건희 여사에 대한 사법적 처리 문제는 더 이상 미룰 수 없다. 도이치모터스 주가조작 의혹과 각종 특혜성 외유 논란, 대통령 배우자라는 지위에서 벌인 민간인 사적 네트워크의 확대 등은 단순한 논란의 수준을 넘은 지 오래다.
 검찰과 법원이 김건희 앞에서만 작아지는 모습은 국민에게 공정과 정의를 향한 믿음을 철저히 저버린 것이다. 대통령의 권력이 사법을 압박하고, 아내를 위한 방패로 쓰였다는 인식이 팽배한 이상, 정권 교체 이후에는 그 누구보다도 김건희 여사에 대한 철저한 진상 규명과 법적 책임 추궁이 선행돼야 한다. 그래야만 윤석열 정부 시절 무너진 정의의 균형추가 다시 바로 설 수 있다.

퇴임 이후의 윤석열 전 대통령이 꿈꾸는 사저 정치 또한 보수의 미래를 망치는 망상에 불과하다. 권력에서 내려온 뒤에도 자신만의 인맥과 조직을 통해 정국에 영향력을 미치려는 시도는, 정치 선진국에서는 상상하기 어려운 구시대적 작태다.

정치적 권위를 잃은 인물이 뒤에서 조종하려는 모습은 국민에게 피로감을 줄 뿐 아니라, 보수 내부의 세대교체와 노선 정립을 가로막는 걸림돌로 작용할 것이다. 봉하마을에서 시민 속으로 돌아갔던 노무현 전 대통령의 사례와 달리, 윤 전 대통령은 사저에서조차 정치적 유산을 만들어내기보다는 과거 권력에 집착하는 모습만을 보여주고 있다.

이보다 더 심각한 문제는, 여전히 윤석열 곁을 맴돌며 현실 감각을 잃은 국민의힘 중진들이다. 민심은 이미 윤석열 체제를 심판했고, 총선에서의 참패는 그 명백한 결과다. 그러나 중진 정치인들은 여전히 '윤핵관'의 틀에서 벗어나지 못한 채, 권력의 잔영에 기대어 기회를 엿보고 있다.

시대착오적 충성 경쟁, 내부 정략적 줄서기, 그리고 민심과 동떨어진 메시지들은 보수 진영 전체를 국민과 더욱 멀어지게 만들고 있다. 진정한 혁신은 기득권 해체 없이 불가능하다. 이들이 계속해서 당내 주도권을 쥐고 있다면, 보수의 쇄신은 허상에 그칠 뿐이다.

이제 보수는 전면적인 재구성이 필요하다. 윤석열 이후라는 표현조차 무의미할 정도로, 완전히 다른 길을 찾아야 한다. 이는 단순한 인물 교체가 아니라, 가치와 태도의 전환을 의미한다. 보수가 추구해야 할 것은 과거의 반공주의나 이념 싸움이 아닌, 시민의 일상에 실질적인 도움을 주는 정책과 실용적 감각이다. 청년 정치인의 등장을 가로막고, 새 인물의 발굴에 인색한 구조 속에서는 더 이상 변화도 희망도 없다.

보수는 다시 국민 앞에 서야 한다. 부끄러움과 책임감을 가지고, 지금껏 외면해온 진실과 마주해야 한다. 김건희 사법처리 문제는 정의 실현의 상징이 될 수 있고, 사저 정치의 차단은 퇴행적 권위주의와의 결별을 의미할 것이다. 윤석열이라는 이름에서 완전히 벗어나는 순간, 비로소 보수는 새로운 시대를 맞을 수 있을 것이라 믿는다.

정치는 국민의 마음을 얻는 과정이다. 그 마음을 다시 얻기 위해선, 누구보다 먼저 잘못을 고백하고 새로운 태도로 나가야 한다. 과거에 얽매인 채 미래를 말할 수는 없다. 윤석열 체제는 끝났고, 이제 그 잔해를 정리할 때다. 보수는 다시 시작할 수 있다. 다만, 그 출발선은 윤석열이라는 이름을 지우는 일에서부터다.

윤석열 정부의 개혁 시도와 남겨진 과제

　윤석열 정부는 출범 초기부터 '연금, 교육, 노동, 의료개혁과 저출생 대책' 이른바 4+1 개혁을 국정 최우선 과제로 내세우며 강한 개혁 의지를 드러냈다. 그러나 임기 중 갑작스러운 탄핵 정국으로 인해 이러한 개혁이 온전히 결실을 맺지 못하고 정부가 막을 내리게 되었다. 특히 연금개혁만이 가까스로 중간 결론을 맺은 반면, 나머지 개혁 과제는 사회적 논의가 중단되거나 혼란 속에 정리되지 못한 채 남겨졌다.

　가장 먼저 완성된 연금개혁은 구조개편보다 공론화와 방향 설정에 초점을 맞추었다. 국민연금의 고갈 시점을 앞당기는 현실 속에서 재정의 지속 가능성을 높이기 위한 보험료 인상과 지급률 조정, 가입 기간 확대 등의 정책적 논의가 이뤄졌지만, 실질적인 법 개정은 차기 정부의 몫으로 남겨졌다. 사회적 갈등을 줄이고 장기적 관점에서 연금체계를 정비하기 위한 지속적인 논의의 틀이 마련되었다는 점은 긍정적으로 평가된다.

반면 의료개혁은 정부와 의료계의 극심한 갈등 속에서 사실상 좌초되었다. 의대 정원 확대 정책은 공공의료 확대와 지역 의료 불균형 해소라는 명분에도 불구하고, 의료계의 강력한 반발과 대규모 집단행동으로 사회적 혼란만을 야기했다. 특히 의료 공급 주체와 수요자 간 신뢰가 무너진 상황에서 정부의 일방적 정책 추진 방식이 문제로 지적되었다. 향후 정부는 단순히 정원을 늘리는 데 그치지 않고, 의료의 질 관리, 지역 의료 인프라 강화, 전공의 수급 계획 등 종합적 접근이 필요하다고 본다.

노동개혁 또한 기대에 비해 실질적 진전이 부족했다. 주 52시간제 유연화와 관련한 정부의 입장 변화, 노동시간 제도 개선 논의 등은 오히려 노동계의 반발과 혼란을 불렀다. 특히 청년층과 중소기업 중심의 유연한 노동시장 구축이 필요한 상황에서 정부가 충분한 사회적 대화를 거치지 않고 개혁을 추진하면서 정책의 정당성이 약화되었다. 다음 정부는 이해관계자 긴 공론화 과정을 통해 사회적 대타협을 이끌어내는 리더십이 요구된다.

교육개혁의 경우, 미래 인재 양성과 공정한 입시제도 개편이 핵심 과제로 꼽혔다. 윤석열 정부는 정시 확대와 수능 중심 입시 체계 강화를 시도했지만, 입시 공정성 논란과 고교학점제 전환 등 현장 혼란이 이어졌다. 디지털 전환 시대에 맞는 교육과정 개편, 지역 간 교육 격차 해소, 교원 양성 체계 개선 등이 함께 논의되어야 했으나 실질적인 성과를 남기지 못한 채 시간만 흘렀다.

저출생 문제 역시 구조적 접근보다는 단기 대책 위주의 정책으로 일관해 실효성이 부족했다. 우리 대한민국의 저출생은 세계의 뉴스거리가 되기도 했다. 결혼적령기 남녀의 출산율이 0.7명에 이를 정도로 세계 최하위에 속할 정도였다.

치명적 저출산

 출산장려금 확대, 육아휴직 제도 개선 등이 있었지만, 근본적으로는 주거, 고용, 교육, 돌봄 등 삶의 전반적인 조건 개선 없이는 출산율 반등은 어렵다는 사실이 명확해졌다. 단순한 금전적 지원이 아닌 청년 세대의 삶의 안정과 미래에 대한 신뢰 회복이 핵심이어야 한다.

 이번 정부의 개혁 실패에서 드러난 공통점은 '공론화 부족'과 '일방적 정책 추진'이었다. 정부는 강한 추진력만으로 개혁을 단행하려 했고, 사회적 합의와 정책의 정당성을 확보하는 데는 미흡했다. 이는 개혁이라는 단어 자체가 갈등을 수반하기에, 정책 설계

뿐 아니라 국민 설득 과정의 중요성을 다시금 일깨운다. 그리고 우리는 자유 민주주의를 추구한다. 가장 중요한 것이 타협이라는 점이다.

향후 정부는 '사회적 신뢰 회복'이라는 기초를 먼저 다져야 한다. 특히 정책 수립 과정에 다양한 이해관계자의 참여를 보장하고, 과학적 근거와 현실적 제안을 통해 개혁의 실효성을 높여야 한다. 성과를 급하게 추구하기보다, 장기적인 구조개편의 토대를 착실히 마련하는 것이 중요하다.

또한 연금개혁을 제외한 나머지 과제는 단절이 아닌 연속선 상에서 다루어져야 한다. 같은 문제는 반복될 것이며, 이를 계승하고 발전시킬 수 있는 정책 설계가 절실하다. 일종의 개혁 룰을 만들어야 한다는 것이다. 정권이 바뀌더라도 국가의 지속 가능성과 국민 삶의 질을 위한 개혁은 이어져야 한다고 본다.

결국, 진정한 개혁은 정권의 유불리를 따지지 않고, 미래 세대와 국민 전체의 관점에서 고민하는 데서 출발한다. 윤석열 정부가 남긴 절반의 개혁은 아쉬움을 남겼지만, 다음 정부의 방향을 가늠하게 해주는 이정표이기도 하다. 이제 국민과 함께하는 개혁, 지속 가능한 구조개편이 진정한 과제로 다가오고 있다.

대통령도, 국회도 국민을 잊었다

대한민국 헌법 제1조는 분명히 말한다.

"대한민국은 민주공화국이다. 대한민국의 주권은 국민에게 있고, 모든 권력은 국민으로부터 나온다."

지난 윤석열 대통령 파면 결정은 이 헌법 조항의 무게를 다시금 일깨워주는 역사적 순간이었다. 헌법재판소는 대통령에게 단호히 말했고, 동시에 국회에도 조용히 경고장을 날렸다. 이 사태는 한쪽의 잘못만으로 설명되지 않는다.

윤 대통령은 국민과의 소통을 게을리했다. 비판은 공격으로 받아들였고, 의견 차이는 배척했다. 헌재는 "대화와 관용이 필요했다"고 강조했다. 대통령은 권위가 아니라 설득으로, 통치가 아니라 협치로 나라를 이끌어야 한다. 국민은 왕이 아닌 대통령을 뽑은 것이다. 그러나 윤 대통령은 국민이 아닌 '진영'을 향해 정치했고, 그 끝은 결국 헌재의 파면 결정이었다.

그렇다고 국회가 자유로운가? 아니다. 국회는 오랜 기간 대립과 정쟁에만 몰두하며 본연의 기능을 상실해갔다. 입법기관이라기보단 정파의 전쟁터처럼 보였다. 대통령을 견제하는 건 국회의 당연한 역할이다. 그러나 견제는 대안을 위한 것이어야지, 분열을 위한 도구가 되어선 안 된다. 헌재는 "대통령과 국회 모두 존중과 협치의 대상이었으나 서로 그렇게 하지 못했다."고 질책했다.

우리가 잊지 말아야 할 단어는 '공화국'이다. 공화는 '함께 다스린다'는 뜻이다. 대통령 한 사람, 국회의원 몇 사람만이 이 나라를 좌우할 수는 없다. 국민은 늘 지켜보고 있다. 권력은 견제되지 않으면 오만해지고, 책임지지 않으면 무너진다. 이번 파면은 단순한 정치 사건이 아니라, 민주주의의 기본 원칙을 되새기라는 경고다.

지금 우리에게 필요한 건 존중이다. 나와 생각이 다른 사람을 혐오하는 게 아니라, 이해하려는 태도다. 헌재는 '존중'과 '박애'를 언급했다. 대통령이든 국회의원이든, 국민 앞에서 겸손해야 한다. 권력은 특권이 아니라 책임이다. 우리는 왜 이 당연한 말을 이렇게 큰 대가를 치르고서야 되새기는가?

이번 사태는 모두의 책임이다. 대통령의 오만함도 문제였고, 국회의 무책임함도 문제였다. 어느 한쪽의 승리도 없다. 오직 국민만이 상처를 입었다. 정치는 국민의 삶을 나아지게 하기 위한 수단이다. 그러나 정치는 어느 순간부터 자기 목적이 되어버렸다. 그 결과가 바로 이번 윤석열의 계엄과 파면 사건인 것이다.

다시는 이런 일이 반복되어서는 안 된다. 대통령도, 국회도, 모든 정치 세력은 초심으로 돌아가야 한다. 국민이 준 권한은 국민을 위한 것이어야 한다. 권력의 주인이 국민임을 잊은 순간, 그 권력은 무너진다. 대한민국 민주주의는 여전히 위태롭지만, 다시 일어설 힘도 있다. 그것은 국민의 이름으로 시작된다. 지금이 바로 그 시점이다.

보수, 반성과 단결 없이는 미래도 없다

 보수가 위기다. 이는 더 이상 정치적 수사도, 일시적인 현상도 아니다. 시대와 민심의 흐름 속에서 보수 진영은 심각한 내부 침식과 정체성의 혼란을 겪고 있으며, 그 뿌리에는 단순한 능력 부재가 아닌 겸손의 상실이라는 본질적인 문제가 놓여 있다. 국민 앞에서 자신을 낮추고 잘못을 인정하는 정치의 기본이 무너진 지금, 보수는 국민의 신뢰를 회복할 길목에서 스스로를 가로막고 있다.
 무엇보다 충격적인 것은 정권 수호나 공동체적 책임 의식보다 개인의 정치적 안위와 출세를 앞세우는 문화가 만연하다는 점이다. 당의 철학이나 방향성보다는 자리싸움에 몰두하며, 책임을 짊어지기보다는 떠넘기기에 급급한 모습에서 유권자는 실망을 넘어 분노하고 있다. 정치인은 국민을 대표하는 자이며, 국민의 삶을 위한 사명감을 가져야 할 자리다. 하지만 지금의 보수는 그런 책임을 외면한 채, 오직 내가 살아남는 것에만 몰두하는 구조로 전락하고 말았다.

더욱 우려스러운 것은 이러한 구조적 위기 속에서도 외부에 대한 공격적 태도만을 고수하며 내부 성찰을 철저히 회피하고 있다는 점이다. 이재명 타도라는 구호 이전에 필요한 것은 바로 자기반성이다. 상대를 공격하기 전에 자신이 무너지고 있다는 것을 자각하는 데서부터 진짜 정치 회복은 시작된다. 반성과 사과 없는 정치세력은 절대 국민의 신뢰를 다시 얻지 못한다. 특히 보수의 핵심 기반이었던 중도층과 합리적 보수층조차 등을 돌리고 있는 상황에서, 외부에 대한 비난은 오히려 내부의 무능과 혼란을 더욱 부각시킬 뿐이다.

보수가 대의를 위해 하나로 뭉쳐야 할, 이 시점에 각자도생의 길을 걷고 있다는 점도 심각하다. 사분오열된 당내 분열과 파벌 간 비방은 정책과 비전이 아닌 정치공학적 줄 세우기와 음모론으로 채워지고 있으며, 정작 민생을 위한 구체적인 전략이나 실천은 찾아보기 어렵다. 분열은 곧 패배다. 내부 총질과 음해가 난무하는 구조 속에서 국민은 더 이상 기대를 갖지 않는 것이다.

더 나아가 과거의 역사적 책임, 특히 탄핵이라는 엄중한 정치적 결과에 대해 여전히 책임을 회피하는 자세는 국민의 기억을 무시하는 행위에 다름 아닌 것이다. 역사적 사건에 대한 평가와 반성 없이, 보수는 과거의 명분을 되살릴 수 없다. 오히려 그것은 스스로를 과거에 가두는 퇴행적 태도일 뿐이며, 미래로 나아가야 할 정치의 본질에 어긋난다. 국민은 정치인에게 완벽함을 요구하지 않는다.

하지만 잘못을 인정하지 않는 오만은 결코 용납하지 않는다. 지금의 보수 진영이 진정으로 국민 앞에 다시 설 수 있는 유일한 길은, 정직한 반성과 진정성 있는 사과, 그리고 앞에서도 강조한 바와 같이 그 위에 세워지는 통합뿐이다. 정책보다 더 강한 메시지는 진심이다. 진심이 없는 정치인에게 국민은 절대 기회를 주지 않을 것이다.

더욱이 지금의 보수 언어는 지나치게 자극적이고, 때로는 위험할 정도로 과격하다. 내부를 향한 비방과 조롱, 당내 인사를 향한 음해성 발언은 정치가 아니라 그저 권력 투쟁에 불과하다는 느낌이 들게 만든다. 이는 결국 당 자체의 신뢰를 무너뜨리고, 외부 유권자에게 혼란만을 안길 것이다.

정치는 설득의 예술이다. 내부 단결 없는 외부 확장은 환상일 뿐이며, 지도자는 구성원을 품고 갈 수 있는 포용력과 통찰력을 갖춰야 한다. 보수가 다시 일어나기 위해선 지금 이 순간에 분열을 끝내고 진심으로 하나가 되어야 한다. 타인을 끌어내리는 언어보다 스스로를 단련하고 국민을 바라보는 시선을 되찾는 게 더 시급하다고 본다.

정치는 이념이 아니라 민심이다. 이제는 이념적 전쟁이나 구호 정치로는 국민을 설득할 수가 없다. 실용성과 유능함, 그리고 책임감 있는 자세가 정치인의 기본 요건이다. 과거의 방식대로 해서는 다시 기회를 얻을 수 없다. 보수는 지금, 결정적인 갈림길에 서 있다.

환부를 도려내지 않으면 체질 개선은 불가능하다. 당의 미래를 생각한다면, 기득권을 내려놓고 당을 위해 헌신할 수 있는 인물이 앞으로 나서야 한다. 조직은 사람으로 무너지고 사람으로 다시 선다. 따라서 진정한 리더십, 즉 책임지는 리더, 말보다는 실천으로 보여주는 리더가 필요하다고 본다.

국민은 알고 있다. 그리고 국민은 행동으로 답한다. 진심 없는 정치, 책임 없는 정치, 통합 없는 정치에는 더 이상 표를 주지 않는다. 보수가 다시 국민 앞에 설 수 있는 유일한 길은 단 하나다. 반성하고 사과하고 통합하라. 그것만이 보수가 다시 희망을 말할 수 있는 출발점이다. 지금처럼 각자의 생존만을 추구하며 당을 질식시키는 구조가 계속된다면, 보수는 다시는 국민 앞에 서지 못할 것이다.

보수는 왜 무너졌는가: 통합 없는 위선의 말로

보수가 위기라는 점은 누구도 부정할 수 없는 냉엄한 현실이다. 그러나 그 위기의 본질은 단순한 능력 부족이 아니다. 보수 정치의 깊은 뿌리에서 썩어가는 것은 위에서 언급한 바와 같이 겸손의 실종이다. 국민 앞에 자신을 낮추지 않고, 실패에 대한 책임을 외면한 채 각자의 안위만 도모하는 자세가 위기를 만들었다. 정치인은 국민의 거울이어야 하고, 자신의 거울을 깨뜨린 정치세력은 결국 국민에게 외면받지 않을까.

　지금 보수는 정권 수호보다 개인 출세에 몰두하고 있다. 당의 미래보다 자신의 정치 생명, 자신의 위치에 더 집착하고 있다. 공적 사명을 가진 정치인이 사익에만 몰입할 때, 조직은 힘을 잃고 국민은 등을 돌린다. 누구의 잘못인지 묻기 전에, 국민의힘은 내 탓을 외쳐야 한다. 이재명 타도를 외치기 전에, 먼저 자기반성부터 하라. 진영 싸움에 앞장서며 스스로의 오만과 무능을 덮는 것은 정치의 퇴보라 할 수 있다. 국민은 그 위선을 꿰뚫어 보고 있다.

　정치는 힘의 논리가 아니라 설득과 통합의 기술이다. 그러나 지금의 보수는 여러 갈래로 갈라져 분열하고 있다. 각자의 목소리만 높이고, 각자의 길만 간다. 내부 총질이 난무하고, 조직은 분탕질에 휘청인다. 아무리 옳은 주장을 해도 내부가 무너지면 외부로 확산되지 않는다. 지금처럼 싸우기만 해서는 결코 국민의 지지를 회복할 수 없다. 통합 없는 보수에 미래는 없기 때문이다.

　과거 탄핵에 대한 책임을 끝까지 회피하는 태도도 문제다. 역사를 부정하는 순간, 국민과의 신뢰는 끝이다. 잘못을 인정하고 반성하는 정치인에게만 국민은 다시 손을 내민다. 그때를 배신으로 기억하고, 그 고리를 끊지 못한 채 과거에 집착한다면, 보수는 영원히 2017년에 머물 것이다. 유감스럽게도 지금 보수 정치의 언어는 갈수록 거칠어지고, 국민을 향한 메시지는 없다. 오직 내부를 향한 비난과 이간질만 남았다.

기억해야 한다. 국민은 싸움을 보고 싶은 게 아니다. 해결책을 보고 싶어 한다. 국민은 싸우는 정당보다 움직이는 정당을 원한다. 각자도생의 정치, 혼자 살겠다는 정치는 결국 아무도 살리지 못한다. 정치의 가장 기본은 책임지는 자세다. 지금 보수는 그 기본을 잃었다. 그러니 국민도 등을 돌리는 것이다.

이제는 실용이 이념을 이기는 시대다. 겸손하고 유능한 리더십만이 보수를 다시 일으킬 수 있다. 개인 정치의 시대는 끝났고, 국민은 더는 공허한 구호에 속지 않는다. 사과하고 반성하고 단결하라. 그게 시작이다. 지금 보수 정치에는 큰 그림을 볼 수 있는 리더가 없다. 오직 자신의 몫만 계산하는 정치만 있다. 그 한계를 극복하지 못하면, 어떤 선거에서도, 어떤 위기 앞에서도 다시 설 수가 없다.

보수가 다시 국민 앞에 서려면 환부를 도려내야 한다. 그동안 외면했던 통합과 책임, 겸손과 반성의 정치로 돌아가야 한다. 말로만 개혁을 외치지 말고, 실천으로 증명해야 한다. 그래야만 국민이 다시 믿는다. 그 길이 멀고 험하더라도, 피하지 말고 직시하라. 진짜 위기는 밖이 아니라 안에 있다. 그 안을 고치지 않으면, 보수는 다시는 일어설 수 없기 때문이다.

이제 국민통합으로 가는 첫걸음

　윤석열 정부에 대한 헌법재판소의 파면 결정이 내려졌다. 역사에 기록될 이 결정은 단순한 정치적 사건이 아니다. 이는 국민의 이름으로, 헌법의 이름으로 내려진 준엄한 심판이다. 우리 민주주의의 힘, 그리고 국민의 의지가 분명히 드러났다.

　이번 결정은 정의와 상식이 살아있음을 보여준 위대한 국민의 승리라 할 수 있다. 지난 시간 동안 수많은 국민들이 거리로 나와 외쳤던 목소리는 결코 헛되지 않았음을 보여주었다. 누구보다도 대한민국의 미래를 걱정했던 국민 한 사람 한 사람의 용기가 오늘의 결과를 만들어낸 것이라고 생각한다.

　우리는 헌법을 지키기 광장과 거리로 나와 열심히 외치고 싸웠다. 헌법은 단지 법조문이 아니라, 국민의 권리와 자유를 지켜주는 우리의 마지막 보루임을 맘껏 외친 날들이었다. 그러나 그 헌법이 지속적으로 파괴되고 있었다는 현실을 외면할 수 없었다. 민주주의를 거스르는 비상식적인 행동들이 반복될 때, 침묵은 더 이상 선택지가 아니었다. 우리는 뭔가 외쳐야 했고, 하나의 목소리를 내야만 했다.

공정과 상식

헌법재판소의 결정은 그 어떤 정치적 이해관계를 떠나, 법과 정의의 이름으로 내려졌다. 우리는 이 결정을 존중하며, 겸허한 마음으로 받아들여야 한다. 더 이상 진영 간의 다툼이 아닌, 국민 전체의 통합과 미래를 생각해야 할 시간이다. 아직도 윤석열 탄핵을 부정할 자, 받아들이지 못할 자가 있다면 그는 우리와 동행할 수 없는 것이다.

정부가 무너졌다고 나라가 무너지는 것은 아니다. 진정한 국가는 국민으로부터 시작되며, 국민의 뜻으로 바로 서는 법이 아닌가. 지금이야말로 분열의 정치를 넘어 통합의 시대로 나아갈 절호의 기회임을 명심할 것이다.

이번 사태는 단순한 정치적 실패가 아니라고 본다. 헌법을 위협하는 내란에 가까운 행위들이 있었기에, 우리는 더욱 단호해야 했다. 그 어떤 권력도 국민 위에 있을 수 없으며, 헌법 위에 군림할 수 없음을 국민 모두 깨닫게 되지 않았는가.

국민 여러분, 우리가 바라는 사회는 단지 정권교체가 아닌, 상식과 정의가 통하는 사회일 거라고 생각하지 않습니까? 이제 그 첫걸음을 함께 내디뎌야 한다고 본다. 미워하고 분노하기보다, 치유하고 회복하는 길을 선택해야 할 것이다.

헌법을 지키는 일은 소수의 용기가 아닌, 다수의 신념에서 비롯된다. 우리는 지금까지 그래왔듯, 앞으로도 진실과 정의의 편에 설 것이다. 어떤 세력이 또 우리 위에 군림하려고 할 때 우리는 절망보다 희망을, 분열보다 연대를 선택할 것이다. 권력에 빌붙어 아부하지 않을 때 우리의 민주주의는 성장하고 발전하지 않겠는가.

이제는 정치가 국민을 이끄는 것이 아니라, 국민이 정치를 바꿔야 할 때라고 생각한다. 대한민국은 위대한 국민의 나라이며, 그 힘을 다시 한번 보여주어야 할 시간이라고 생각하는 것이다.

제5장 내란 동조자들

방조인가, 동조인가: 한덕수와 최상목의 책임을 묻다

윤석열 대통령이 12·3 내란 사건의 수괴로 헌정 사상 초유의 탄핵을 당한 이후, 정치권은 충격에 휩싸였다. 그러나 이 사안에서 단지 윤 대통령 개인의 책임만을 따질 수는 없다. 그의 권한 정지 이후 권한대행 체제를 맡은 한덕수 국무총리, 그리고 뒤이어 국정을 관리한 최상목 경제부총리에 대한 책임론 역시 불거지고 있기 때문이다. 이들의 행위는 단순한 방조였을까, 아니면 내란에 대한 적극적인 동조였을까. 국민이 두 패로 나뉘어 갈등이 치열한 가운데, 지금 우리에게 필요한 것은 이 경계를 명확히 하는 일이다.

한덕수 총리는 탄핵소추 이후 대통령 권한대행을 맡으면서도 헌법재판소 재판관 임명을 거부하는 초유의 결정을 내렸다. 이 결정은 곧바로 윤 대통령에 대한 탄핵 심판 절차를 지연시키는 결과로 이어졌다. 법조계 일각에서는 이를 법적 권한을 이용한 조직적 저항으로 평가하며, 사실상 내란 수괴의 방패막이 역할을 한 것이라는 비판이 나온다. 이런 판단이 사실이라면, 이는 단순한 방조의 수준을 넘어 동조로 해석될 여지가 있는 것이다.

한 총리는 자신이 헌법재판소 재판관 임명을 거부한 이유에 대해 정치적 중립성 확보를 들었지만, 실제로는 윤 대통령에 대한 탄핵 결정에 영향을 미치려는 시도로 보였다. 그 결과 헌정 질서 회복은 지체됐고, 국민의 신뢰는 더욱 추락했다. 헌법을 수호하고 헌정 질서를 지켜야 할 총리가 정치적 계산 속에 움직였다는 지적을 피할 수 없게 되었다.

그 뒤를 이은 최상목 경제부총리는 총리의 탄핵은 내각 전체에 대한 탄핵이라며 반발하고, 국회에 소추 재고를 요청하는 이례적인 발언을 내놓았다. 이는 내란에 대한 공적 책임을 회피하려는 시도로 읽힌다. 특히 국무총리의 권한대행 대행이라는 사상 초유의 사태에서 그가 내세운 권한 최소 행사의 원칙은 적극적으로 헌정 질서를 회복하려는 의지가 결여된 것으로도 비친다.

최 부총리는 경제위기 대응, 민생 회복, 외교 안정이라는 중요한 국정 과제를 앞에 두고 있었다. 그러나 그는 권한을 제한적으로 행사하며 사실상 정국의 공백을 방치했다. 이는 위기 대응보다 정치적 리스크 관리에 더 중점을 둔 행보로 해석된다. 결국 그의 조치는 내란 상황에서 정부조직 전체가 정지 상태에 빠지도록 만들었다는 점에서 결코 가볍지가 않았다고 할 수 있다.

한덕수 총리의 헌법재판소 재판관 임명 거부, 최상목 부총리의 소극적 권한 행사 및 정치적 발언은 모두 의도된 침묵이자 정치적 동조로 읽힌다. 이들이 내란 행위의 공범인지를 단정하기는 쉽지 않지만, 결과적으로 그들의 선택이 내란 수괴의 정당성을 유지시키는 데 기여했음은 부인할 수 없을 것이다.

김동연 경기도지사는 방조와 동조는 다르지 않다며 이들을 강하게 비판했다. 그의 말처럼, 민주주의의 위기 상황에서 침묵은 곧 동조다. 특히 권력과 책임을 가진 이들의 침묵은 단순한 방관이 아닌 체제 유지를 위한 선택으로 해석되기 때문이다.

정치권과 언론은 이들의 행위를 법적으로 방조냐, 정치적으로 동조냐의 문제로만 국한 시켜선 안 된다. 본질은 이들이 내란 상황에서 어떤 가치를 선택했는지, 국민의 편이었는지 아니면 권력의 편이었는지를 따지는 데 있어야 한다. 그리고 그 답은 지금까지의 행보에서 이미 드러나 있다고 볼 수 있다.

이번 사태를 계기로 방조와 동조의 경계를 명확히 해야 한다. 나아가 헌법을 수호하고자 했던 시민들의 열망에 부응하는 방향으로 책임을 묻고, 제도를 정비해야 한다. 민주주의는 단지 투표로 유지되는 것이 아니라 권력을 가진 자들의 책임 있는 침묵 거부로 유지된다는 사실을 잊지 말아야 하지 않을까.

국무총리 한덕수 대통령 권한대행의 일탈

 윤석열 전 대통령의 탄핵 이후, 한덕수 국무총리가 대통령 권한대행으로서 보여준 행보는 헌정 질서의 근간을 흔드는 일탈로 평가된다. 그는 헌법재판관 임명 과정에서 일관성 없는 태도를 보이며, 정치적 중립성을 훼손했다.
 한덕수 총리는 마은혁 헌법재판관 후보자의 임명을 거부했다. 당시 그는 여야 합의가 필요하다는 이유를 내세웠지만, 실제로는 윤 전 대통령의 탄핵 심판에서 불리한 결과를 피하기 위한 정치적 계산이 작용했다는 비판이 제기된다.
 그러나 윤 전 대통령의 탄핵이 확정된 이후, 한 총리는 마은혁 후보자를 망설이지 않고 임명했다. 이는 앞선 거부 결정과 상반되는 행보로, 그의 판단 기준이 정치적 상황에 따라 달라졌음을 여실히 보여준다.
 더욱이 한 총리는 대통령 권한대행으로서 이완규 법제처장과 함상훈 서울고법 부장판사를 헌법재판관 후보자로 지명했다. 이는 대통령의 고유 권한을 대행하는 입장에서 과도한 권한 행사를 한 것으로, 헌법적 논란을 불러일으켰다. 이후에도 우리 역사에 이런 문제는 두고두고 논란의 여지가 될 것으로 보인다.

헌법재판소는 이완규·함상훈 후보자 지명의 효력을 정지하는 가처분 신청을 전원일치로 인용했다. 헌재는 한 총리의 지명 행위가 임명권이 없는 상태에서 이루어진 것으로서 헌법 질서를 위협할 수 있다고 판단했다.

이러한 결정은 한 총리의 행위가 헌법적 절차를 무시한 채 이루어졌음을 명확히 보여주는 것이다. 그의 지명 행위는 헌법재판소의 독립성과 중립성을 침해할 우려가 있다. 한 총리는 대통령 권한대행으로서 헌법과 법률에 따라 제한된 권한을 행사해야 했다. 그러나 그는 이러한 한계를 넘어서는 행위를 통해 헌정 질서에 혼란을 초래했다는 게 중론이다.

그의 행보는 정치적 중립성을 지켜야 할 국무총리로서의 책임을 저버린 것으로, 국민의 신뢰를 저해하는 결과를 낳았다. 이는 민주주의의 근간을 흔드는 중대한 문제다. 향후 더는 이러한 불상사가 일어나지 말아야 한다.

한 총리의 이러한 일련의 행위는 헌법적 절차와 원칙을 무시한 채 정치적 이해관계를 우선시한 결과로, 이는 헌정 질서의 안정성을 위협한다고 할 수 있다. 그의 책임 있는 자세와 반성이 필요하고 다시는 이런 문제가 발생해서는 안 된다.

총리의 일탈인가?

 이번 사태를 계기로 대통령 권한대행의 권한과 역할에 대한 명확한 규정과 통제가 필요하다. 이는 향후 유사한 상황에서 헌정 질서의 혼란을 방지하기 위한 필수적인 조치다. 차제에 명확히 정의할 필요가 있고, 국가적으로 어려운 상황이었던 만큼 철저히 대비해야 할 필요성이 크다고 하겠다.

한덕수 권한대행의 권력남용

　한덕수 대통령 권한대행은 인물이 훤칠한 데다 학자풍의 선비 같은 사람이었다. 그를 평소 존경하는 사람들이 내 주위에는 상당히 많이 있다. 평생 경제와 외교 공무직을 통해 국가에 봉사한 이력으로 치면 아마 현직 대한민국 공무원 가운데 가장 공적이 많다고 할 것이다.

　그러나 한 권한대행의 그런 이력이 초라할 정도로 이번 윤석열 탄핵 국면을 맞아 보여준 행태는 기대가 컸기에 실망 또한 너무 크지 않았나 생각한다. 윤석열 초기 정부에 자신이 총리로 임명을 받았으니 충성의 마음이 컸을지 모른다. 하지만 작금의 상황은 비상계엄 국면이 아니었나 말이다.

　한덕수 권한대행은 국회가 선출한 마은혁 헌법재판관 후보자 임명을 끝까지 미루며 탄핵 선고까지 버텼다. 이런 한 권한대행의 꿍꿍이속을 모르는 사람은 아마 아무도 없을 것이다. 5:3, 4:4 기각설이 팽배한 시점이었기에 더욱 한 권한대행의 선택과 결심이 중요한 이슈로 떠올랐다. 하지만 결국 기각설은 낭설이었고, 8:0 전원일치 탄핵 인용 선고가 법정에 울려 퍼지지 않았나.

한이 마은혁 헌법재판관 후보자를 임명하지 않은 것은 직무유기라는 말이 많다. 엄격히 말해서 위법인 것이다. 이런 자가 막상 윤석열이 파면되자 이완규 법제처장 등을 헌법재판관 후보자로 지명했다. 그는 결국 민주당 의원들로부터 고발당한 처지가 되지 않았는가. 한이 마은혁 후보자를 임명하지 않은 것은 마은혁이 우리법연구회 소속이며 극좌이기 때문에 인용에 던질 표가 하나 늘어날 거라는 우려에서 비롯되었다고 생각한다. 이런 생각은 국민 대다수의 생각과 같다고 본다. 그런데 이완규 법제처장을 헌법재판관 후보로 망설이지 않고 임명했다. 이완규는 내란 가담의 의혹을 받고 있는 인물이 아닌가. 윤석열이 비상계엄을 선고할 때 가장 먼저 윤에게 달려가 만난 사람이 바로 이완규 법제처장이었다. 이런 점을 보면 한덕수 권한대행은 직무유기죄늘 시었고, 직권남용죄를 지었음이 명백해졌다.

한 권한대행이 이완규 법제처장과 함상훈 판사를 임기가 종료되는 문형배, 이미선 헌법재판관의 후임으로 지명했다. 마은혁 후보자를 억지와 궤변으로 100일 넘게 지연시킨 사람이 내란수괴 윤석열이 파면된 지 불과 나흘 만에 내란수괴가 임명한 법제처장을 헌법재판관으로 임명하겠다니 상식적으로 그의 행동을 이해할 수 없다.

윤석열이 비상계엄을 지속하지 못하고 해제한 당일, 그러니까

2024년 12월 4일, 삼청동 대통령 안가에 정권 핵심 인사들이 만남을 가진 것으로 드러나지 않았나. 만남을 은밀히 가진 후 자신의 휴대전화까지 교체한 이완규는 계엄을 공모한 것임이 확실시되고 있다. 그는 적어도 강력한 의혹을 받고 있는 인물인 것이다.

윤석열은 이미 파면 되었고, 형사재판을 받고 있다. 중범죄자 신분으로 전락한 것이다. 헌법 농단, 국정 농단이란 말이 이제 호칭처럼 따라다닐 것이다. 한덕수 권한대행은 국회가 적법하게 선출한 마은혁 헌법재판관 후보자 임명을 104일 만에 시행했다. 업무 태만이고, 직무 유기인 것이다. 그는 내란 상설특검, 김건희 상설특검, 마약 수사 특검 같은 안(案)도 무시하며 특검 후보자 추천도 의뢰하지 않았다. 총체적 부실 공무원으로 낙인찍힌 순간이며, 이는 역사에 아주 불명예스럽게 기록될 것이다.

한덕수 대통령 권한대행 겸 국무총리는 헌법재판관을 지명하는 것이 옳지 않다. 임명직에 불과한 총리의 헌법 파괴 행위이며, 제2의 쿠데타가 분명하다. 그는 대통령 몫 2명의 헌법 재판관 임명도 즉각 철회하는 것이 맞다. 그는 선을 넘어도 한참 넘었다. 그는 청개구리처럼 행동한다. 국민이 하라는 것은 하지 않고, 하지 말라는 것은 왜 골라서 하는지 모르겠다. 우리의 헌법과 법률을 검토해 보면, 권한대행 역할에 대해 헌법기관 임명을 포함한 대통령의 중대한 고유 권한 행사는 자제하라는 것이 일관된 정신이라는 해석이 나온다. 이런 말을 한덕수 대행 자신이 했던 적도 있는데 불과 얼마 지나지 않아 자신의 말도 뒤집었다. 그는 권한대행이지 대통령이 아니기 때문이다. 국회 입법조사처도 대통령이 아닌 국무총리는 민주적 정당성이 대통령과 같지 않아서 현상 유지가 아닌 한 임명이 어렵다고 해석했다.

한덕수 대통령 권한대행

한덕수 대통령 권한대행이야말로 국가의 기능을 저해하고, 국정 마비의 책임을 위반했다. 이런 실정으로 많은 국민들이 불안하고 피해를 입었을 것으로 추측된다. 마은혁 후보를 임명하지 않고 오랜 시간 버틴 자가 이완규와 함상훈 판사에 대해서는 즉각 헌법재판관으로 임명한 것이다.

목숨이 60일에 불과한 한덕수 총리가 임기 6년의 헌법재판관 임명을 강행하려는 데 대해 상식적인 국민이라면 납득이 가지 않을 것이다. 대통령 파면으로 인해 권한대행에 불과한 총리가 헌법기관에 대한 인사권을 적극적으로 행사하는 것은 명백한 권한 남용인 것이다. 이를 무시한 월권적인 헌법재판관 지명의 강행은 그 자체로 중대한 헌정 질서 파괴라고 필자는 생각한다. 이는 통상적인 인사 행정의 범주가 아니다. 헌법기관 구성이라는 중대한 절차이며, 한번 인사하면 6년간 권한을 지니게 되는 자리인 것이다.

한덕수 권한대행이야말로 헌정 질서 파괴자가 되었다고 생각한다. 그는 향후 어떤 자리에도 앉을 자격이 없다. 평생에 쌓아 올린 업적이 하루아침에 물거품이 되었다. 공수래공수거인가. 이럴 때 쓰는 말은 아닐진대 안타깝다는 생각뿐이다. 절차의 위법성, 이는 곧 헌법 질서의 훼손이다. 헌법은 국가기관의 권력 남용을 막기 위한 최소한의 장치다. 그 장치마저 무지한 한덕수 권한대행으로 인해 애꿎은 피해를 입고 있다는 게 실감이 나지 않는다.

최상목의 권력남용

 헌법재판소는 최상목 대통령 권한대행 부총리 겸 기획재정부 장관이 마은혁 헌법재판을 임명하지 않는 것에 대해 헌법에 위배된다고 결정했다. 당연한 결정이고, 최상목 권한대행은 헌재의 결정을 겸허히 수용하고 즉각 마은혁 헌법재판관을 임명해야 마땅했다. 하지만 그 역시 직무를 유기했다. 최상목 권한대행은 자의적으로 임명을 보류했다. 그렇게 함으로써 삼권분립의 근간을 흔들었다. 그리고 국민의 대표인 국회의 권위를 훼손했다. 국회가 선출한 헌법재판관의 임명은 대통령의 의무라 할 수 있다. 이를 거부하거나 선별적으로 임명할 수 없는 것이다.
 헌법재판소의 이런 결정은 법치주의의 최종적인 판단이다. 헌재의 결정을 최 권한대행이 따르는 것은 헌법의 명령인 것이다. 하지만 그는 헌재의 명령을 따르지 않았다. 즉 헌법을 농단한 것이다. 이것은 엄연히 범죄 행위라 할 수 있다. 권력 남용 행위는 결국 형사책임을 물을 수밖에 없는 것이다.

최상목은 국무회의를 열어 방송통신위원회의 설치 및 운영에 관한 법률 즉 방통위법 개정안에 대해 거부권을 행사했다. 방통위법 개정안은 방통위 회의 최소 의사 정족수를 3인으로 하고, 의결 정족수는 출석위원의 과반으로 바꾸는 내용을 담고 있었다. 이것은 최 부총리가 대통령 권한대행을 맡은 이후 9번째 거부권 행사에 해당한다.

최상목은 헌재가 임명하라는 헌법재판관은 임명하지 않으면서 다른 자리 가서는 헌법을 준수하자는 말을 한다. 이중인격자가 되는 것도 서슴지 않은 것이다. 거부권을 남용하는 것은 인권을 가볍게 여기는 처사라 할 수 있다. 그가 거부한 내용 중에는 인권을 침해하는 국가폭력 범죄의 공소시효를 배제하는 법도 있었다. 제주 4·3사건, 광주 5·18 민주화운동 등과도 긴밀히 연결되어 있는 내용이었다.

최가 저지른 행위는 전두환 같은 사람이 살아 있으면 반드시 수사하고 처벌한다는 법을 거부한 셈이다. 국가폭력 범죄에 대한 공소시효를 배제하는 법을 거부한다면 국민은 누구를 믿고 살아야 하겠는가. 이거야말로 최상목 권한대행의 권력 남용을 보여주는 행위다. 국민과 역사가 반드시 최 대행의 책임을 물을 수 있으리라고 확신한다.

최상목 경제부총리

최상목 대행의 위법한 내용은 아주 많다. 그는 먼저 국회에서 탄핵을 받은 죄가 결코 가볍지 않다. 12·3 내란 관련 행위 및 마은혁 헌법재판관 후보자 임명 거부, 마용주 대법관 후보자 임명 거부 및 내란 상설특검 임명 절차 불이행 등을 중대한 위법 사항이라고 말할 수 있다. 민주당 측은 최 역시 내란에 가담한 세력으로 판단하고 있다. 그리고 경제를 망친 장본인으로 규정하고 탄핵을 벼르고 있다. 특히 12·3 비상계엄 당시 비상 입법기구 창설 지시 내용이 담긴 쪽지를 건네받았다는 의혹도 조준할 것으로 보인다. 내란 대행 시절의 죄목은 따질수록 늘어나며 차고 넘친다고 할 수 있다. 내란 종식이 먼저 이루어져야 하는 만큼 국가 정상화를 위해서도 속히 처벌이 이루어져야 한다는 생각이다.

헌재 판단을 행정부 수장 격이었던 최 대행이 대놓고 무시하고,

그는 헌재를 능멸하고 있는 행위를 저질렀다. 국회는 이를 바로잡기 위해 탄핵안을 제출하는 것이며, 헌재 판결 능멸은 헌법 질서 능멸이고 대한민국 자체에 대한 존재의 부정이자 능멸이었다.

한편에서는 괘씸죄를 물어야 한다고 목소리를 높인다. 줄탄핵에 이은 여론의 악화 목소리도 있지만, 이 보다 먼저 법이 바로 서는 것이 우선이지 않겠는가. 이재명 당시 대표 역시 최상목 대행을 향해 몸조심하라는 극단적인 발언까지 쏟아냈다. 그래도 꿈쩍 않은 최상목은 무슨 대단한 백이라도 있었던 것일까 자못 궁금하다.

파면된 윤석열과 동조자들

윤석열 전 대통령이 헌정 사상 초유의 탄핵으로 파면된 이후, 그의 비상계엄 시도에 동조한 정치인들의 책임론이 다시금 부상하고 있다. 이들은 단순한 정치적 지지자를 넘어 헌정 질서를 위협한 내란 행위에 적극적으로 가담한 공범으로 평가받고 있기 때문이다.

윤상현 의원은 윤 진 대통령의 비상계엄 시도에 대해 공개적으로 지지 의사를 밝히며, 이를 국가 안보를 위한 불가피한 조치라고 주장했다. 그의 발언은 내란 행위를 정당화하려는 시도로 해석되며, 헌법수호 의무를 저버린 행위로 비판받고 있다. 윤 의원은 보수우파 세력이 관저 주변과 광화문에서 윤석열 지지 집회를 할 때도 적극적으로 참석해 그들을 위로하고 용기를 북돋아 주었다.

나경원 의원 역시 윤 전 대통령의 비상계엄 시도에 대해 국가 위기 상황에서의 결단이라며 지지의 입장을 표명했다. 그녀의 이러한 발언은 내란 행위에 대한 동조로 간주되며, 헌정 질서에 대한 심각한 위협으로 평가된다. 나 의원 역시 적극적으로 집회에 동참하며 보수 세력에게 힘을 실어주었다. 나 의원은 윤석열의 내란에 동조한 세력 중 실세로서 의미가 크다고 하겠다.

동조자들도 공범이다

권성동 원내대표 또한 윤 전 대통령의 탄핵소추안에 대해 당론으로 부결을 채택하며, 당내 의원들의 이탈을 막기 위해 표 단속에 나섰다. 한동훈 당시 국민의힘 대표는 윤석열 대통령 비상계엄을 가장 먼저 내란이라 진단한 사람이다. 이런 한 대표의 행위에 대해 가장 치열하게 저격한 사람이 바로 권성동이었다. 그의 이러한 행보는 윤석열이 파면된 지금 내란 행위에 동조한 것이 명쾌한 판단이라고 하겠다.

권영세 비상대책위원장은 윤 전 대통령의 비상계엄 시도에 대해 국가 안정을 위한 조치라며 옹호하는 발언을 했다. 그의 이러한 입장은 내란 행위에 대한 동조로 해석되며, 민주주의의 근간을 흔드는 행위로 비판받고 있다고 보는 것도 무리가 아니다.

이들 정치인들은 윤 전 대통령의 비상계엄 시도에 대해 반성은커녕, 오히려 이를 정당화하고 지지하는 발언을 이어가고 있다. 이러한 행위는 헌정 질서를 위협하는 중대한 범죄에 대한 동조로 간주되기 때문에 엄중한 책임을 물어야 한다.

국민의힘은 이러한 동조자들에 대한 명확한 입장의 정리와 책임 추궁 없이 당의 정체성과 국민의 신뢰를 회복하기 어려울 것이다. 당내 자정 작용이 작동하지 않는다면, 국민의 심판은 더욱 가혹해질 수밖에 없다. 향후 대한민국 사회에 보수의 세력이 사라질 수는 없으므로 보수의 역할이 제대로 되기 위해서 반드시 이번 행위에 대해 짚고 넘어갈 필요가 있다고 하겠다.

이번 사태를 계기로 헌정 질서를 위협하는 행위에 대한 명확한 기준과 책임 추궁이 필요하다는 의견이 많다. 정치인의 발언과 행동은 단순한 의견 표명을 넘어 국가의 운명을 좌우할 수 있는 중대한 행위임을 명심해야 하는 것이다.

민주주의는 단순한 제도가 아니라 이를 지키려는 국민과 정치인의 의지에 의해 유지된다. 헌정 질서를 위협하는 행위에 대한 단호한 대응과 책임 추궁만이 민주주의를 지키는 길이 될 것이라고 생각한다. 따라서 윤석열은 파면 이후에도 형사적 책임을 물어야 하며, 죄값을 위법한 만큼 혹독하게 치러야 할 것이다.

항고 포기한 검찰총장

 윤석열 전 대통령 탄핵 심판과 관련해 윤은 서울 구치소 수감 52일 만에 석방이 되었다. 그래서 심우정 검찰총장이 윤의 재구속 문제에 관해 지휘부를 통해 지휘하게 되었다. 하지만 결국 윤의 석방이 결정되자 사방에서 석방에 대한 성토(聲討)의 목소리가 들끓었다. 당장 재수감하라는 말이 우후죽순 일어났다.
 심우정 총장은 검찰 비상계엄 특별수사본부의 반발에도 불구하고, 법원의 윤석열 대통령 구속취소 결정에 즉시항고 하지 않았다. 그러면서 윤의 석방을 지휘한 것으로 알려졌다. 즉시항고를 하면 윤의 석방 이전에 재수감 될 가능성이 매우 높은 사안이라는 평들이 많았다.
 그런데도 심 총장은 윤에 대해 매우 너그러운 태도를 보였던 것이다. 결국 심 총장은 고위공직자범죄수사처(이하 공수처)로부터 고발당했다. 공수처는 심 총장이 직권을 남용해 윤석열 전 대통령 석방을 지휘했다는 혐의를 적용했다.

이런 심 총장의 행위에 대해 내부에서도 이해할 수 없다는 반응이었다. 일선 지검의 검사들 역시 이런 사안의 경우 일반 잡범이었으면 무조건 즉시항고 했을 것이라고 비난했다. 현직 대통령이니 여러 사안을 종합적으로 고려한 것임에도 즉시항고를 하지 않은 것에 대해 엄청난 질타가 들끓었다.

검찰의 위기

부장, 차장 검사급들 조차 구속 취소의 사유가 궁금하다는 입장이었다. 검찰 내부망 SNS가 당시 엄청나게 뜨겁게 달아올랐다고 한다. 일선 검사들은 이 문제의 궁극적 책임을 대검에 물었다. 그들은 모두 대검 지휘의 순수성에 대해 의문을 갖지 않을 수가 없었던 것이다. 검찰 내부 검사들조차 이해하기 어려운 일이 벌어진 게 사실이었다. 재판부가 제시하는 구속취소의 사유가 전례에 어긋났고, 부당했음에도 즉시항고를 하지 않았다. 이런 경우라면 즉시항고를 통해 상급 법원의 판단을 받아보는 것이 마땅한 것으로 보인다. 이런 의문에도 대검은 즉시항고 포기라는 아주 완만한 입장을 취했다. 불구속 재판의 원칙이란 전제가 윤의 석방에 가능 크게 작용한 요소가 아니었을까.

대부분의 경우 이런 사안에 대해 즉시항고를 해야 한다는 것은 거의 철칙이라 할 수 있다. 그런데 즉시항고를 포기해야 했다면 여기에는 그만한 논리적 근거가 분명해야 한다는 점이다. 그저 위헌 논란 같은 상식선에서 그런 결정을 하였다면 사안의 중대성에 비춰 너무 가벼운 결정이 아니었나 생각한다.

당시 뜨거운 계산의 논쟁은 구속 기간 산입(算入)의 문제였다. 구속 기간을 날[日]로 치느냐, 시간으로 치느냐의 문제가 대립했다. 검찰 측은 석방을 결정한 법 해석 논란이 이해되지 않는다고 했다. 향후 일선의 업무 혼선을 정리하는 측면에서라도 상급심의 판단을 받아보는 것이 옳았다고 판단한다.

형사소송법 93조는 구속의 사유가 없거나 소멸된 때를 구속취소의 요건으로 정하고 있다. 구속 기간이 지났는지 과연 구속의 사유가 없거나 소멸된 때에 해당하는지도 의문으로 남는다. 따라서 즉시항고를 포기한 것은 더더욱 이해가 가지 않는 것이다. 굳이 이해하려고 한다면, 즉시항고를 포기 결정은 헌재가 구속집행정지 및 보석에 대한 즉시항고를 위헌으로 결정한 취지를 고려한 것으로 이해된다고 하겠다. 하지만 이 경우에도 기존의 헌재 결정이 구속취소 즉시항고에도 그대로 적용이 된다고 볼지는 의문이라는 점이다. 구속집행정지와 보석은 법원이 조건을 부과하거나 취소 사유를 고려해서 결정하지만, 구속취소는 조건의 부과없이 구속의 효력을 소멸시키므로 법적 성격이 다르기 때문이다.

사람의 인신구금과 같이 매우 중차대한 문제는 개개인의 의사나 판단에 맡기지 말아야 한다. 명확하고 통일된 지침이 필요한 시점이라고 하겠다. 심 총장의 즉시항고 포기는 검찰 사망 선고라는 말이 나돌 정도다. 이제라도 대국민 사과나 사의 표명 등이 필요하다고 생각한다.

심 총장은 적법 절차와 인권 보장을 취임 이후 지속적으로 강조해 왔으며, 이게 검찰의 기본적 사명이라 밝힌 바 있다. 적법 절차에 따라서 소신껏 처리한 게 결국에는 개운치 못한 윤석열의 석방이었는지 의문이 가시지 않는 대목이다.

제6장 역대 대통령의 실정

박정희 전 대통령의 실정

　박정희는 제5~9대 대한민국 대통령을 역임했다. 그는 우리가 가장 어려운 전후 시대에 혜성처럼 등장했다. 박정희 대통령에 대해 대한민국이 부강하고 산업화의 선진국 반열에 오르게 한 주인공이라는 평이 많다.

　그러나 박정희에 대한 부정적 평가 역시 빼놓을 수 없는 까닭은 독재 정권의 중심에서 공포정치, 부정부패 만연 등으로 민주주의를 심각하게 저해했다는 비난 역시 피하기 어렵기 때문이다. 특히 유교적 전통이 변질된 채로 고착화하여 오늘날 보수 세력의 기반을 이루지 않았겠는가. 그리고 이는 결국 21세기 헌정사에 기록될 박근혜 최순실의 정치스캔들까지 만들어낸 것이다.　보수층은 박정희를 전반적으로 긍정적으로 평가한다. 그 시절은 힘들어도 희망이 있고, 살기 좋았다고 말한다. 그 시절을 거친 사람들은 박정희를 지지한다. 그리고 유신 시절 이전의 사람들은 박정희를 절대적으로 지지했다고 말한다. 그러나 엄밀한 의미에서 이런 말은 틀린 말이라 할 수 있다. 박정희 정부는 분명 우리 산업화를 끌어올린 정부는 맞지만, 그의 통치 방식은 몹시 비민주적이었다.

박정희는 1961년 5.16 군사 정변을 일으켰다. 그리고 정변 직후 국회를 해산시키고 정치 활동을 금지하는 한편 정부 기관과 언론 기관을 장악했다. 지금으로 보면 엄청난 내란을 일으키고 국가 전복을 시도한 셈이다.

박정희는 성공한 쿠데타 탓인지 군사조직을 통해 자기에게 유리한 정국을 만들어나갔다. 반발이 하늘을 찔렀다. 1965년 한일기본조약은 국민적 저항이 대대적으로 펼쳐진 계기가 되었는데 박은 계엄령을 선포했다.

당시에도 부정선거가 소요의 핵심이 되었다. 결국 부정행위로 인한 선거 득표율 문제가 불거졌고, 박정희는 1972년 10월 유신을 통해 친위 쿠데타를 벌여 군대를 국회에 투입시켰고, 결국에는 국회를 다시 해산시켜버렸다.

이런 정치적 급변에도 불구하고 경제성장은 급격했다. 산업화시기, 노동력을 최고도로 이용할 수 있었다. 노동자 인권은 무시당했고, 학생운동이 만연했다. 전태일의 분신 사건, 광주대단지 사건이 발생했다. 오늘의 민주당 전신이랄 수 있는 신민당이 박정희 보수정당에 저항하기 시작했다.

영호남 지역갈등이 이때 비롯되었다. 박정희는 남로당 경력 탓에 상대방의 공격을 받았다. 이렇게 하면서 보수 세력의 결집을 시도했다. 1963년 대선부터 지역에 표를 호소하면서 전라도와 경상도 사이에 대립이 본격적으로 비롯되었다.

　박정희는 남로당 경력이 공세를 받자 영남의 지역주의에 호소하기 시작했다. 지역에 기반을 두면서 타 후보와 차별성을 강조했는데 이게 먹혀들었던 것이다. 박정희를 지지하는 연사들이 신라의 찬란한 문화를 끌어와 자랑스러운 후손이란 이미지를 부각시켰다. 이러한 선동을 통해 청중들의 환호와 박수를 이끌어냈던 것이다.

　박정희 정권은 1971년 열린 제7대 대통령 선거 과정에서 최소 국가 예산의 약 10%에 해당하는 600~700억 원을 살포하였다. 당시로서는 천문학적인 규모에 다름 아니었다. 이에 대해서 김종필은 600억 이상이라고 증언했다. 지역감정을 본격적으로 조장한 것도 1971년 대선부터라 할 수 있다. 야당 유권자를 투표인 명부에서 누락시키고, 친여 성향의 유권자는 중복 등재시켰다. 투표 당일에는 릴레이 대리투표가 성행했고, 공개투표 등 불법이 난무했다. 10월 유신 이후의 선거는 국회가 해산되고 통일주체국민회의에서 단일 후보만 출마하게 했다. 그리고 만장일치로 투표하는 형식이었으니 지금 생각하면 감히 형용할 수 없는 일이다. 1971년 4.27 대선은 특히 영남 지역주의가 강하게 드러난 선거였다. 박정희는 경북에서 92만 표(박 133만 표, 김 41만 표); 경남에서 58만 표(박 89만 표, 김 31만 표)를 이겼다. 이때는 이미 영호남 지역 경쟁이 치열한 상황이 되었다. 영남 지역 승리는 전체 승리 득표 94만 표보다 56만 표나 더 많은 것이었다.

반면 김대중은 박정희를 전북에서 23만 표(박 30만 표, 김 53만 표), 전남에서 40만 표(박 47만 표, 김 87만 표) 그리고 서울에서 39만 표(박 80만 표, 김 119만 표)를 이겼다. 박정희는 이미 1967년 대선에서 윤보선에 비해 영남표만 1백 36만 표를 앞섰다. 이는 전국적으로 박정희가 이긴 116만 표보다 20만 표나 웃도는 득표였던 것이다. 우리 지역이 단합해 몰표를 주자는 말이 이 시기부터 등장했다. 당시에는 호남과 영남에서 치열한 대결과 각축전이 벌어졌다. 심지어 영남의 물품을 호남에서 사주지 않고, 호남의 물품을 영남에서 사지 않는 일도 벌어진 것이다. 온갖 유인물이 난무하고, 대량으로 살포되었다. 그리고 흑색선전도 이어졌고, 몰표를 주자는 말이 나돌아 몰표의 역사가 영남 호남에서 비롯된 것이다.

지역감정이 분출하기 시작했다. 이는 지역의 역사를 팔면서 민족 감정을 부추겼고, 민족의 분열을 재촉했다. 지역 간 대립은 옛 삼국시대의 분열로 들끓었을 정도였다. 박성희와 김대중 을 상호 비방하고 모략했다. 원래 호남이 보수성향이 강했다고 한다. 하지만 두 후보 간 기세 싸움이 비롯되면서 골이 깊어졌다. 지역 인물을 찍어야 한다는 주장이 강해지면서 몰표가 나오고 이게 차츰 구도처럼 자리 잡게 되었다. 5.18 이후에 이런 구도는 극에 달한 것으로 보인다. 전두환 이후 호남에서 보수정당은 10% 득표를 유지하기 힘들었다. 박정희 시기의 부정부패는 아주 악명이 자자했다. 정치자금을 명목으로 기업과 정부 사이에 자금이 오간 것은 일도 아니었다. 박정희가 정권을 잡았을 때도 김종필 등 측근들이 부정부패에 말려들었다. 그리고 정경유착이 끊이지 않았다.

박정희의 여러 측근들이 국가 예산을 빼돌렸다. 권력을 빌미로 정부 부처 등 기관에 권력을 행사했다. 김형욱, 이후락, 김종필 이런 자들이 박정희 정권을 발판 삼아 막대한 재산을 긁어모았다는 소문이 들끓었을 정도였던 것이다. 박정희에 대해 비판적인 사람들 사이에서 정권 차원의 부정부패에 쓸 돈을 경제발전에 투입했었더라도 국가 경제가 훨씬 좋아졌을 것이란 지적이 나오는 이유다.

박정희 정권에서의 정경유착은 상상을 초월했다. 당시 한국의 주요 기업들은 근대화, 산업화란 명목 아래 독재 정권과 결탁했다. 그리고 정치자금을 제공하고 사업에서 갖은 특혜를 제공 받은 것도 사실이었다.

오늘날 한국에서 지탄받는 재벌세습 문제, 공금 횡령 및 비자금 조성 · 분식회계 · 주가조작 · 세금포탈 등의 각종 비리와 노동 착취, 노조탄압은 박정희 정권을 거치면서 커졌다고 볼 수 있다.

전두환 전 대통령의 실정, 짓밟힌 민주주의

전두환 정권은 정권 내내 민주주의를 짓밟은 시간이었다. 대한민국 헌정사에서 가장 정통성과 정당성이 부족한 독재정권으로 평가받는다. 권력을 쥔 과정부터가 불법이었고, 집권 내내 민주주의를 탄압했다.

12·12 군사반란이 그 시작이었다. 군 내부 쿠데타를 통해 실질적 권력을 장악한 전두환과 신군부는 헌정 질서를 무너뜨렸다. 민주주의는 군홧발에 짓밟혔고, 국민은 총구 앞에 무력해졌다.

5·17 내란을 통해 전국에 비상계엄령을 확대했다. 정당한 정치 활동을 금지시키고, 모든 비판 세력을 억압했다. 이 과정에서 국민 기본권은 완전히 무너졌다.

결국 5·18 광주민주화운동이 폭발했다. 광주 시민들은 억압에 맞서 싸웠지만, 신군부는 군대를 동원해 시민들을 무차별 학살했다. 수많은 무고한 목숨이 스러졌고, 아직까지도 진상규명은 완전히 이뤄지지 않았다.

전두환 정권 시기 의문사는 일상이었다. 5·18 관련자뿐 아니라 철로변에서 발견된 신원미상 시신들, 군 복무 중 원인 모를 죽음들이 끊이지 않았다. 국가가 국민의 생명을 지켜야 할 책무를 정면으로 배신한 것이다.

보안사의 녹화사업도 악명 높았다. 대학생, 사회인들을 강제로 징집해 사상검증을 했고, 일부는 가혹행위 끝에 목숨을 잃었다. 국가가 개인의 존엄을 철저히 짓밟은 참상이었다.

간첩 조작사건도 끊이지 않았다. 의대생 간첩 조작사건을 비롯해, 재일 교포 간첩 조작사건, 구미 유학생 간첩단 사건 등 숱한 무고한 사람들이 조작된 간첩 혐의로 고문받고 처벌받았다.

김대중 내란음모 조작사건은 대표적이다. 전두환 정권은 김대중을 제거하려 내란음모죄를 뒤집어씌웠다. 세계적인 비난에도 불구하고 민주화 지도자를 탄압한 사건은 한국 민주주의의 치욕으로 남았다.

박종철 고문치사 사건은 전두환 정권의 폭압을 상징하는 사건이다. 책상을 탁, 치니 억하고 죽었다는 당국의 해명은 국민을 분노케 했고, 진실은 은폐될 수 없었다.

이한열 열사의 최루탄 피격 사망은 6월항쟁을 촉발했다. 국민들은 거리로 쏟아져 나왔고, 전두환 정권의 몰락을 향한 저항은 거스를 수 없는 흐름이 되었다. 결국 6·29선언으로 직선제 개헌을 약속하게 된다.

종교 탄압도 심각했다. 1980년 10월 27일, 일명 '10·27 법난'

으로 수천 명의 승려가 강제 연행되고, 사찰이 통제당했다. 종교의 자유까지 짓밟으며 정권에 대한 비판을 원천 차단하려 했다.

언론 통폐합도 민주주의를 짓밟은 대표적 사건이다. 정부는 주요 언론사를 강제로 통폐합해 언론을 장악했다. 보도지침을 내려 언론이 무엇을 보도하고 무엇을 숨길지 직접 통제했다. 국민은 알 권리를 박탈당했다.

사북 사건도 빼놓을 수 없다. 1980년 강원도 사북에서 발생한 광부들의 집단 파업은 열악한 노동조건에 대한 저항이었지만, 정부는 이를 폭력적으로 진압했다. 빈민과 노동자에 대한 국가폭력은 극에 달했다.

불법과외와 아동수출

전두환 정권 시절, 교육현장도 정상적일 수 없었다. 신군부는 사회 혼란을 막는다는 명목으로 과외를 전면 금지하는 조치를 내렸다. 표면적으로는 교육기회의 평등을 말했지만, 실제로는 또 다른 불평등을 낳았다.

과외 금지 조치 이후, 소수 대형 학원만 살아남았다. 수백 명이 동시에 수강하는 거대 학원이 우후죽순처럼 생겨났다. 학원비를 낼 여력이 있는 가정만 좋은 교육을 받을 수 있었고, 교육 양극화는 오히려 심화됐다.

불법 과외도 기승을 부렸다. 과외를 금지한다고 해서 부모들의 교육열이 꺾일 리 없었다. 암암리에 이뤄진 개인과외, 은밀히 거래되는 과외 시장은 정부의 통제 바깥에서 거대한 음성경제를 형성했다.

이 과정에서 학력 격차는 더욱 커졌다. 부유한 가정은 불법 과외를 통해 질 좋은 교육을 받을 수 있었지만, 서민 가정은 학원조차 보내기 어려웠다. 교육정책 실패가 사회적 불평등을 심화시키는 악순환을 만든 것이다.

한편, 전두환 정권은 한국 현대사에서 부끄러운 기록을 또 하나 남겼다. 바로 아동 수출이다. 고아, 미혼모 자녀 등을 해외로 입양 보내면서 국가가 적극적으로 이를 장려했다.

한국의 해외 입양은 이승만, 박정희 정부 때부터 시작됐지만, 전두환 시기 정점을 찍었다. 베이비붐 이후 넘치는 인구 문제를 해결하고, 입양 수수료를 통해 외화를 벌 수 있다는 점이 맞물려 정부는 이를 장려했다.

입양은 개인 가정의 선택이어야 했지만, 당시에는 정부 차원에서 사회적 부담을 줄인다는 명분으로 사실상 대량 입양을 독려했다. 한 아이 한 아이의 삶과 권리는 뒷전으로 밀렸다.

특히 입양된 아동들 가운데 상당수는 허술한 관리 속에 정체성을 잃고 고통을 겪어야 했다. 인권적 관점은 완전히 부재했다. 한국은 아동 수출국이라는 불명예를 안았고, 이는 지금까지도 국제사회에서 지적되는 아픈 상처라 할 수 있다.

전두환 정권은 국가 권력으로 교육과 생명을 통제하려 했다.

그러나 그 과정에서 사회의 근본을 무너뜨렸고, 개인의 존엄성을 철저히 무시했다. 경제 성장이라는 허울 속에 숨겨진 부끄러운 그림자는 지워지지 않는다.

이제 우리는 전두환 시대의 실패를 똑바로 직시해야 한다. 국가란 국민을 억압하는 기계가 아니라, 개인의 삶을 존중하고 지켜야 할 책임이 있다는 사실을 되새겨야 한다.

전두환 정권은 철저히 국민을 두려워했다. 그래서 국민의 입을 막고, 눈을 가리고, 손발을 묶으려 했다. 하지만 억압으로 영원히 국민을 이길 수 없었다.

결국, 전두환 정권은 국민의 끊임없는 저항 속에 막을 내렸다. 피로 쓴 대한민국 민주주의의 역사는 그 어떤 독재도 국민의 뜻을 꺾을 수 없다는 사실을 증명했다. 그리고 이 교훈은 지금도 살아 있다, 우리 민족과 국민의 비문처럼 지워지지 않고 오래 기억될 역사이기 때문이다.

노태우 정권, 빛과 그림자가 교차한 시간

　노태우는 12·12 군사반란의 핵심 주역이었다. 전두환과 함께 군권을 장악하며 헌정 질서를 무너뜨렸다. 이미 출발부터 국민적 신뢰를 얻기 힘든 위치였다. 그는 전두환의 허수아비 노릇을 하였고, 나름의 좋은 정치를 해보려고 애썼지만 결국 전두환을 보호하고자 만들어진 전두환의 대통령이었다.

　1987년 6월 항쟁으로 정권 연장이 불가능해지자, 노태우는 6·29 선언을 발표했다. 대통령 직선제 수용을 약속하며 국민의 분노를 달래려 했다. 이 선언 덕분에 그는 차기 대선에 나설 명분을 얻었다.

　선거 때는 '보통사람', '믿어주세요'라는 구호를 앞세웠다. 평범한 사람처럼 보이려 했지만, 군사정권의 연장선에 있는 후보라는 본질은 바뀌지 않았다. 결국 1987년 대선은 야권 분열 덕분에 당선될 수 있었다.

　노태우 정권의 북방외교는 외교적 성과로 평가받는다. 소련, 중국 등 공산권 국가들과 수교를 확대하며 국제적 고립을 벗어나려 했다. 한국 외교지형을 넓히는 데 일정 부분 성공했다.

하지만 국내정책은 여전히 억압적이었다. 대표적으로 전교조를 불법 조직으로 규정하고 탄압했다. 수많은 교사들이 구속되거나 해임됐고, 교육계 전체에 두려움이 퍼졌다. 동의대 사건은 노태우 정부의 사회 통제 실패를 보여줬다. 진압 작전 중 건물에 갇힌 경찰관 7명이 화재와 추락으로 목숨을 잃었다. 사건은 정부와 경찰의 무리한 대응을 둘러싸고 논란을 불러일으켰다.

정치적으로는 1988년 총선에서 민정당이 125석밖에 얻지 못하면서 여소야대 상황이 됐다. 이에 대응하기 위해 민주정의당, 통일민주당, 신민주공화당이 3당 합당을 단행했고, 민주자유당이 탄생했다.

3당 합당은 거대한 정치 공작이었다. 합당 후 민주자유당은 개헌선인 200석을 넘긴 218석을 확보했다. 민주화 열망 속에서도 거대 보수 정당이 다시 권력을 장악하는 결과를 만들었던 것이다.

한편, 언론 자유를 일부 추진한 것은 긍정적으로 평가된다. 정치 풍자나 시사만화가 어느 정도 허용되면서 국민의 비판의식이 확산되는 데 기여했다. 하지만 완전한 언론 자유는 아니었다.

보안사는 여전히 문제였다. 민간인 사찰이 계속됐고, 보안사 소속 사병이 민간인 사찰 자료가 담긴 디스크를 들고 탈영하는 사건까지 벌어졌다. 정부의 감시 체제가 얼마나 깊숙했는지 보여준 사건이다.

혁노맹 사건도 터졌다. 혁명노동자계급투쟁동맹이라는 조직이 적발됐고, 현역군인 10명을 포함해 관련자들이 대거 체포됐다. 정부는 이를 강하게 탄압하며 노동운동 전체를 위축시켰던 것이다.

1991년에는 '범죄와의 전쟁'을 선포했다. 흉악범, 조직폭력배 소탕을 명분으로 심야영업을 통제하고 술집 단속을 강화했다. 하지만 이 과정에서 억울하게 피해를 본 시민들도 적지 않았다. 이는 전두환의 삼청교육대와 같은 기조 아래서 진행된 듯해 보였다.

비핵화 선언 역시 노태우 정부의 주요 조치였다. 남북한이 비핵화 공동선언을 발표하며 한반도 비핵화를 약속했다. 이로 인해 이승만, 박정희, 전두환이 추진했던 핵개발 구상이 사실상 끝나게 됐던 것이다. 우리가 오늘날 북한의 핵보유국을 팔짱 끼고 볼 수밖에 없던 빌미가 되었던 정책이었다.

노태우 정권은 표면적으로는 민주화를 수용한 듯 보였지만, 실질적으로는 군사정권의 유산을 이어간 정권이었다. 권력 유지와 체제 안정을 위해 억압과 타협을 동시에 사용했다. 결국, 노태우는 빛과 그림자가 교차한 시대를 대표한다. 외교적 성과와 부분적 개혁에도 불구하고, 군사정권의 본질을 벗어나지 못했다는 평가를 피할 수 없다.

노태우 정권, 분신과 몰락의 그림자

노태우 정권은 또한 분신정국으로 상징된다. 특히 1991년은 학생 시위가 극심해지고, 경찰 폭력이 날로 거세졌던 시기였다. 민주화를 요구하는 거리의 외침은 멈추지 않았다. 시위는 점점 격화됐다. 경찰의 과잉진압이 일상화되면서 사망 사건과 분신 사건이 연이어 발생했다. 전국 곳곳에서 젊은이들이 항거의 불꽃을 피우다 목숨을 잃었다.

1991년 한 해 동안 분신으로 숨진 사람만 수십 명에 달했다. 그 해는 분신의 해라고 불릴 정도였다. 사회 전체가 분노와 슬픔으로 얼룩졌고, 정권에 대한 불신은 극에 달했다. 정치 상황도 요동쳤다. 1992년 9월 18일, 노태우는 돌연 민주자유당을 탈당했다. 대선을 불과 몇 달 앞둔 시점이었다. 대통령이 집권 여당을 탈당한 초유의 사태가 되었던 것이다.

10월 9일에는 여당 없는 중립내각이 출범했다. 표면상 공정선거를 위한 조치였지만, 정치적 부담을 피하려는 계산이 깔려 있었다. 국민은 이를 냉소적으로 바라봤다. 어떤 정치적 상황이든 국민의 눈은 정확한 판단력을 담보하고 있는 것이다.

한편, 노태우 정권 말기에는 비자금 의혹이 거세게 일었다. 비자금 보유설이 끊이지 않았고, 결국 검찰 수사를 통해 사실로 드러났다. 국민의 분노는 다시 폭발했다. 조사 결과, 노태우는 약 3,500억 원의 비자금을 조성한 것으로 드러났다. 이 돈은 선거자금과 정치 자금으로 사용됐고, 일부는 개인 축재로 이어졌던 것이다.

특히 당선 축하금 명목으로 모은 돈만 1,100억 원에 달했다.

단순한 정치 자금을 넘어선 초대형 비리였다. 정권의 도덕성이 완전히 무너진 순간이었다. 국민의 뇌리에 정치를 신뢰하지 못한 자산이 남을 수밖에 없는 사건이 아닐 수가 없다.

사법부는 단호하게 판단했다. 대법원은 노태우에게 징역 17년, 추징금 2,688억 원을 선고했다. 한국 현대사에서 전직 대통령이 실형을 선고받은 불미스런 사례 중 하나였다. 노태우는 결국 감옥살이를 했다. 한때 권력의 정점에 있었던 그도 법의 심판을 피할 수 없었다. 국민 앞에 죄를 묻는 역사의 무게를 온몸으로 감당해야 했다.

노태우는 실언으로도 거센 비난을 샀다. 중국 문화대혁명 때 수천만 명이 죽었는데, 광주민주화운동은 아무것도 아니었다는 망언을 한 것이다. 광주 시민과 국민은 분노했다. 뒤늦게 사과했지만 이미 상처는 깊었다. 군사정권의 핵심 인물로서, 민주주의를 짓밟았던 과거는 쉽게 지워지지 않았다. 노태우에 대한 국민적 평가는 냉정했다.

외교적 성과가 없었던 것은 아니지만, 권력의 본질이 부패와 억압에 있었던 만큼 좋은 대통령으로 기억되기는 어려웠다. 결국 그는 불명예를 안은 채 역사의 뒤편으로 사라졌다. 노태우 정권은 분명 복합적이다. 하지만 분신과 비자금, 탄압과 부패로 얼룩진 기억은 쉽게 지워지지 않는다. 대한민국 민주주의는 그렇게, 피와 눈물 속에서 자라났던 것이다.

김영삼 전 대통령의 실정

　김영삼 정부는 신한국당과 문민정부로 대표 된다. 1997년 당시 김영삼 대통령은 전두환, 노태우 전 대통령 사면과 관련해 논란을 일으켰다. 이 사면은 역사적으로 보았을 때 일어나서는 안 되는 사면이었다.

　김영삼은 아들로 인해 많은 곤란을 겪었다. 김 대통령의 차남 김현철이 국정에 개입하면서 비리를 불러일으켰다. 김영삼은 친인척 비리 척결과 부정부패 타파를 외쳤으나 정작 본인의 측근 및 친인척 비리를 막지 못했다. 김현철의 국정 간섭과 개입은 장안에 소통령이란 소문이 떠돌 정도로 두드러졌다.

　김영삼은 임기 말에 극심한 레임덕이 올 정도였는데 국정을 이끌어갈 동력을 상실할 정도였다. 결국 김현철의 구속과 함께 김 대통령의 지지율은 한 자릿수로 바닥을 찍었다. 그래서 식물 대통령으로 전락하고 마는 것이다.

　김영삼 문민정부 때 안기부는 김대중 후보를 낙선시키려고 이른바 북풍 공작을 펼쳤다. 총풍, 세풍 등의 소문이 떠돌았고, 정보기관의 수장이 이로 인해 징역형을 선고받을 정도였다. 공작금을 제3자를 통해 은밀히 전달해 김대중이 김정일한테 돈을 받았다는 허위사실을 유포하게 만들었던 것이다.

또한 월북 경력이 있는 사람한테 김대중에게 편지를 보내도록 해 김대중이 대선 후보 시절 용공 인사로 몰았다. 무서운 공작이었다. 청와대 행정관 등으로 하여금 북측 인사에게 판문점 총격 사건을 일으켜 달라고 부탁하는 총풍사건도 일어났다. 지금 생각해 보면, 감히 상상조차 할 수 없는 일이었다.

김영삼 정부에서는 정치 보복을 시행했다. 삼성그룹이 모 대학 인수를 하지 못하도록 방해를 하는가 하면, 당시 김영삼과 맞붙었던 현대그룹 정주영 회장의 보복설도 나돌았다. 슬롯머신 사건으로 감옥에 간 정치인이 발생했는데, 그 정치인은 의원직까지 상실했다.

김영삼 정부에서는 김대중이 노벨평화상을 받지 못하도록 로비를 했다는 말도 나돌았다. 김대중보다 김영삼 대통령이 수상할 수 있도록 로비를 벌였다는 소문도 나돌았다. 이른바 역공작을 펼친 것이었다.

김대중은 정계 복귀할 인물인데 노벨평화상을 받게 되면 정치적으로 이용할 가능성이 크다는 논리를 펼쳤다. 이런 얘기를 예이르 루네스타 노벨위원회 사무총장에게 꼭 전해 달라는 말을 하며 김대중의 노벨평화상 방해 공작을 벌였다고 한다.

김영삼 정부는 군의 대접을 소홀히 했다. 문민정부라는 타이틀이 이런 결과를 가져왔을지 모른다. 군의 급여 인상에 있어서 역대 정부 중 가장 소극적이었다고 한다. 김영삼 시기 군 월급은 김영삼 취임 직후인 1993년 6월 기준 병장 10900원, 이병 7800원이었으나 김영삼이 물러난 1998년에는 병장 13700원, 이병 9600원이라 1.25배의 인상률을 보였다.

김영삼 정부 때 군의 복무기간이 섣불리 단축되었다. 그리고 저출산 기조가 나타나기 시작했다. 무엇보다 군의 복무기간을 대폭 줄였다. 김영삼은 문민정부를 주창했음에도 노동 운동을 탄압했다. 노조를 진압하고 명동성당이나 조계사 같은 신성한 지역까지 전투경찰들이 무장을 하고 투입되었을 정도가 되었다.

이는 군사 정권 시기에도 발생하기 힘든 유례없는 일이 되었던 것이다. 종교계 및 노동계는 물론 사회 면에서도 비난의 목소리가 매우 크게 일어났다. 노사분규의 문제를 민주적으로 풀지 않고 무력과 폭력으로 진압했다. 투쟁방식도 문제라는 의견도 있었지만, 아무리 그래도 공권력을 폭력으로 사용하는 것은 있을 수 없는 일이었다.

노동법 날치기 사건이 김영삼 정부 때 비롯되었다. 고용의 유연화를 핵심으로 하는 노동법이 날치기 통과된 일이었다. 속칭 1996년 노동법 날치기 사건으로 명명한다. 당시 야당과 노동계의 반발이 대대적으로 일어났다. 왜냐하면 향후 대한민국 사회에 큰 파장을 몰고 올 비정규직 제도가 우리 사회에 도입된 계기가 되었기 때문이다. 김영삼은 문민정부를 내세워 영화나 음악 등 예술에 있어서 사전심의제도 등을 폐지하며 변화하는 모습을 보여주었다. 하지만 뒤로는 노태우 정부 때보다 대중문화에서의 예술 및 표현의 자유는 후퇴했던 것이다. 일례로 많은 만화들이 유해 매체물이라는 판정을 받았다. 이현세 같은 대표적 만화가들이 벌금형을 선고받았을 정도였다. 소설 같은 문학 작품 역시 음란물이란 굴레를 씌워 판매 금지당했다.

영화계도 탄압이 이루어졌다. 동성애 등을 다룬 영화는 사전심의제도가 폐지 되었음에도 수입과 개봉이 금지되었다. 비디오 등도 사전심의를 당했다. 매해 열렸던 서울 인권영화제가 탄압을 받았고, 2년에 한번 개최하고 있는 서울퀴어영화제의 개최를 정부는 불허했던 것이다. 불온서적물이라는 명목으로 많은 종류의 책이 압수당했다.

공공의 질서나 미풍양속을 해하는 내용의 통신을 하면 아니된다는 문구는 여러모로 국민의 자유를 억압했다. 공권력이 자의적으로 해석해 입맛대로 통신망 이용자를 탄압하고 법정에 세울 정도였다. 이 조항은 결국 저항에 부딪쳐서 헌법재판소 판결로 폐지되었던 것이다. 사회질서를 해하는 내용이란 애매한 조항이 수많은 사람들의 발목을 붙잡았다. 당시 전기사업통신법은 세계 최초로 인터넷 검열법이라는 불명예를 남기고 말았다.

김영삼 정부 최대의 실적 중 하나는 부실대학의 양산이었다. 일정 기준만 충족하면 자유롭게 학교를 설립할 수 있도록 했다. 다양한 형태의 대학외환 위기와 함께 문민정부 최대의 실책으로 평가받는다. 이것은 우리의 기형적인 취업 시장과 연결되어 비생산적인 과도한 학구열을 쏟아냈다. 이는 저출산으로 인해 대부분 입학정원 미달 수순을 밟았으며, 무너지기 시작했다.

다양한 형태의 대학이 있어야 지식 기반을 통해 다채로운 인재를 양산할 수 있다는 것이었다. 김영삼 정부는 초기에는 대학 설립을 억제하는 정책을 펼쳤는데 갑자기 기조가 바뀌었고, 이런 갈팡질팡한 정책 탓에 엄청난 혼란이 일어나게 되었던 것이다.

김영삼 대통령 최대의 실정은 외환 사태를 일으킨 점이다. IMF가 불어닥쳐 국민은 물론 기업, 공장, 금융 등 순식간에 곤두박질쳤다. 당시 외환 위기는 우리의 누적된 고질적 경제 문제가 폭발한 셈이었다. 국정을 책임지는 행정부 수반으로서 위기의 전조를 알아채지 못했고, 외환 정책운영에 있어서 제대로 대처하지 못한 것이다. 환율을 방어하지 못했고, 외환보유고가 바닥날 징도로 나라의 살림이 부실했다. 김영삼은 이런 막대한 문제를 김대중 정부에 고스란히 떠넘겼고, 김대중 정부가 IMF를 수습할 수 있었다. 6.25 전쟁 이후 한국 최대의 위기를 고려하면, 김영삼은 무능한 지도자로 남을 수밖에 없는 것이다.

이명박 전 대통령의 실정

이명박 대통령 최고의 실정은 인사(人事)에서 비롯되었다. 인사를 잘못해도 이토록 잘못했나 할 정도로 문제를 보였다. 인사에 관한 노벨상이 있다면 당연히 이명박 대통령이 수상해야 한다는 말이 나돌 정도였다. 당시 보수 성향인 언론마저 이명박 정부의 인사 행태를 지적하고 나서지 않았는가.

민간과 공직을 막론하고 불법, 비리 행위가 급증했다는 비판이 많았다. 고위 공직자들의 불법 및 탈법에 유난히 관대했다. 위장전입, 병역면제, 투기, 탈세 등은 이명박 정부 고위 공직자들의 4대 필수 항목이 되었다. 이명박 자신도 기관지 확장증이란 질환을 내세워 군대를 면제받은 사실이 있다.

이명박 정부에서 위장전입은 죄도 아니었다. 이것은 기본으로 깔았고, 악성 부동산 투기, 전관예우, 병역 비리, 군납 비리 등의 문제를 저질렀다. 이명박은 취임 초기부터 문민정부라는 말이 무색할 정도로 관료들이 비리를 저질렀다. 정경유착도 이명박 정부에서 획득한 불명예의 타이틀이라 할 수 있다.

이명박은 전임 노무현 대통령의 원활한 소통과는 달리 고집불통에 매우 독단적인 사람이었다. 초기 내각 인선부터 상의하지 않고 독단적인 인선을 했다고 한다. 이렇게 임명된 인사들 가운데 박근혜 정부까지 임기가 끝나지 않아 문제거리였던 것이다.

시민들은 촛불을 들고 광장으로 모여들었다. 광우병 파동, 미국산 소고기 수입 논란 등이 시끄러워 국정 운영에 큰 문제가 되었다. 이명박 정부의 문제는 소통의 부재였고, 모든 채널이 단절될 정도라고 한다.

전임 김대중 대통령이나 노무현 대통령은 기자회견만도 150여 이상을 가졌고, 미국의 오바마 대통령도 한 해에 27차례의 기자회견을 해 소통에 문제가 없었던 것이다. 그는 문민주의를 기치로 내건 권위주의자에 다름 아니었다.

이명박 정부는 작은 정부를 지향했다. 그래서 과학기술부와 정보통신부를 해체했고, 업무를 각 산업에 스며들게 해 경쟁력을 갖추고자 하였다. 그러나 이 과정에서 여러 문제점이 대두되었고, 뒤를 이은 박근혜 정부 때는 이를 다시 미래창조과학부로 부활시킨 바 있다.

이명박이 부처를 해체하자 청와대, 국방부 등 정부기관, 은행 및 언론사, 정당 등을 대상으로 사이버 공격이 시작됐다. 국정원은 디도스 공격이라면서 북한을 의심했다. 과거 정보통신부가 담당한 통제 시스템의 부재로 대처하지 못했다. 당연히 관련 업무를 담당했던 부처의 해체로 관련 예산마저 삭제되고 감액되었다. 보안의 위험수위가 당연히 높아지게 되었던 것이다.

이명박 전 대통령은 주가조작에 관련되었다는 의심을 받았다. 다스와 BBK 수사에 압력을 넣었다. 그런 과정에서 대통령기록물이 빼돌려졌다며 파장이 일었는데, 다스의 서울 사무실이 있는 영포빌딩에 대한 검찰의 압수수색을 받았다.

이곳에서 대통령기록물에 해당하는 문건들이 여럿 포함되어 있었다. 이명박 측에서는 짐을 옮기는 과정에서 섞여 들어온 것이라고 변명했다. 하지만 국정원, 민정수석실 등에서 만들어져 이명박 대통령에게 보고한 문건임이 밝혀져 파장을 불러일으켰다.

특히 그 문건 중에 사법 농단을 의심할 수 있는 문건도 있어서 매우 심각한 문제가 되었다. 좌파 판사를 한직에 배정하는 문제, 재판의 속행 압박 같은 내용이었다. 이명박 본인도 이런 내용을 보고 받았다고 실토한 적이 있다. 이는 국정원이 직접 국정에 개입하려는 정황으로 보이기 때문에 심각한 문제로 보지 않을 수가 없는 것이다.

이명박 정부에서 국정원 및 경찰, 국군 등 여러 기관이 대통령 선거는 물론 주요 정치, 사회적 사안에 개입해 여론을 조작하려 하였다. 이것은 민주주의 근간을 흔드는 매우 나쁜 정치적 행태라고 할 수 있는 것이다. 정부 정책에 비판적인 야당과 단체에 종북 좌파라는 낙인을 찍었다. 이명박의 최측근이던 원세훈 국정원장이 적극적으로 주도한 것으로 드러났다. 이명박 대통령이 국정원의 전방위 여론조작에서 활약한 심리전단을 대대적으로 개편하고 확충해 심리정보국을 설치했는데 이에 행정 수반이던 이명박 대통령은 국정원의 여론조작에 어떤 형태로든 책임을 질 운명에 놓이게 되었다. 이명박 정부에서는 불법사찰이 성황을 이루었다. 기무사 수사관이 민간인 불법사찰을 폭로했다. 모든 보고서가 이명박에게 보고되었다. 이명박은 이렇게 들어온 보고서를 밤새 읽는 것을 좋아했다는 낭설도 돌았다. 이는 상당히 설득력이 있는데 민간인 사찰은 청와대 민정수석실이 검찰과 국세청, 경찰 등의 자료를 이합집산해 국정원에 입수되고, 국정원이 이를 데이터베이스로 만들어 민정수석실이 요구할 때마다 전달한 방식으로 이루어졌다. 4대강 사업에 반대하는 민간인도 사찰했다. 특히 학자들을 사찰하고 치졸하게 불이익을 주었던 것으로 드러났다. 노조를 와해하기 위해 댓글 공작을 이용했다. 단순한 동향 파악을 넘어 외부 활동 내역을 일일이 들여다보았다.

만약 이런 자들이 연구 용역을 신청하면 은밀히 심사해서 탈락하게 만들었다. 매우 치졸한 행태로 이들을 압박하고 불이익을 주었다. 이런 모든 것들이 이명박 대통령을 실정으로 만들었다. 이명박은 결국에 대통령 임기 이후 감옥행을 하지 않았는가.

박근혜 전 대통령 실정, 그 어두운 기록

박근혜 전 대통령은 대한민국 역사상 첫 번째 탄핵당한 대통령으로 남았다. 그 과정은 단순한 정치적 실패를 넘어 국가 시스템을 위협한 중대한 실정이었다.

가장 대표적인 사례는 최순실 국정농단 사건이다. 공식 직함도 없던 최순실이 청와대 문건을 열람하고, 인사와 정책에까지 깊숙이 개입한 사실이 드러났다. 대통령이 국정을 사적으로 운영한 것이라는 점에서 국민의 분노는 걷잡을 수 없었다.

박근혜 정부는 수만 건에 달하는 외교 문서를 삭제했다. 이는 문재인 정부로의 정상적인 정권 인수인계를 어렵게 만들었고, 국가 기밀이 유실될 위기까지 초래했다. 외교 안보 시스템이 크게 훼손된 셈이다.

국정원 문제도 심각했다. 박근혜 정부는 '해킹팀'이라는 이탈리아 업체로부터 해킹 프로그램을 도입했다. 그 과정에서 국정원 직원이 극단적 선택을 하면서 의혹은 더 커졌다. 정보기관이 국민

감시나 정치 공작에 동원됐다는 비판도 거셌다.

세월호 참사는 박근혜 정권 실정을 가장 상징적으로 보여주는 사건이었다. 골든 타임에 제대로 된 대응을 하지 못하면서 304명의 소중한 생명을 지키지 못했다. 이후 박근혜의 7시간 행적 논란은 국민적 분노를 극대화시켰던 것이다.

청와대 핵심 권력층인 우병우 전 민정수석 역시 문제였다. 그는 직무유기, 직권남용 등으로 재판에 넘겨져 유죄 판결을 받았다. 대통령 최측근조차 법을 무시했다는 사실은 청와대 기강 붕괴를 단적으로 보여주는 일례가 되었다.

박근혜의 여동생 박근령도 사기 혐의로 유죄 판결을 받았다. 대통령 가족조차 사회적 책임감을 저버린 것이다. 정권의 도덕성은 바닥까지 추락했다.

방위산업 비리도 심각했다. 군납 비리, 방산 비리는 국가 안보를 송두리째 흔드는 문제다. 박근혜 정부는 '강한 안보'를 외쳤지만, 실제로는 내부 부패를 방치하며 허술한 안보 시스템을 방조했다.

경제 정책 역시 평가가 좋지 않다. '창조경제'를 슬로건으로 내걸었지만, 실체는 모호했다. 구체적인 산업 전략이나 혁신은 보이지 않았고, 대기업 중심 경제구조는 더욱 심화됐다.

노동 정책도 비판을 피할 수 없다. '노동개혁'을 추진했지만, 비정규직 문제를 해결하지 못하고, 오히려 노동자들의 불안을 키웠다. 사회적 대타협이 필요한 상황에서 일방통행식 정책 추진은 갈등만 심화시켰던 것이다.

문화계 블랙리스트도 박근혜 정부의 치부다. 정권에 비판적이라는 이유로 수 천 명의 예술인들을 지원 대상에서 제외시키고, 활동을 억압했다. 민주주의의 핵심 가치인 표현의 자유를 정면으로 침해한 것이다.

언론 통제 역시 문제였다. 청와대가 방송사를 좌지우지하려 한 정황이 여러 차례 드러났다. 언론의 자유를 훼손하는 행위는 곧 국민의 알 권리를 짓밟는 것이나 다름없다.

국정운영 스타일 자체가 소통 부재였다. 청와대는 국민과 직접 대화하려 하지 않았고, 비판적 목소리는 무시하거나 탄압했다. 고립된 리더십은 결국 위기 대응력을 약화시켰고, 신뢰를 잃게 만들었다.

결국, 박근혜 정권은 국가를 사유화하고 민주주의 원칙을 훼손했으며, 국가 시스템을 심각하게 흔들었다. 국민은 촛불을 들었고, 대한민국은 스스로 민주주의를 지켜냈다.

박근혜 전 대통령의 실정은 단순한 정권 실패를 넘어 민주주의 역사에 깊은 교훈을 남겼다. 권력자는 국민 위에 군림할 수 없고, 국정은 사적으로 운영돼서는 안 된다는 진리를 다시 한번 깨닫게 했다.

박근혜 전 대통령은 국회선진화법을 통과시키면서 국회 내 폭력과 몸싸움을 막겠다고 강조했다. 그러나 여당이 총선에서 패배하고 여소야대 국면이 되자, 돌연 국회선진화법 폐지를 주장했다.

자신에게 불리해지니 법의 가치를 부정하는 모순된 태도를 보인 것이다.

공무원연금 개혁도 문제였다. 2015년 5월 29일 개정된 공무원연금법은 신규 임용자의 연금 수령액을 대폭 삭감했다. 하지만 기존 공무원에 대해서는 감액 폭을 최소화하고 적용 시기도 매우 완만하게 조정했다. 결국 기득권은 지키고, 미래 세대에게만 부담을 떠넘긴 셈이되었다.

이러한 공무원연금 개혁은 국민적 지지를 끌어내지 못했다. 오히려 공무원 사회의 강한 반발을 불러왔고, 일반 국민 사이에서도 '기득권 봐주기'라는 비판이 끊이지 않았다. 진정한 개혁이 아니라 눈 가리고 아웅식 타협이라는 인식이 퍼졌다.

대북정책에서도 실책이 드러났다. 박근혜 정부는 김정은 정권에 대해 '리더십 체인지', 즉 지도자 교체를 목표로 하는 비밀 프로젝트를 추진했다는 문서들이 뒤늦게 공개됐다. 북한 체제 전복을 노리는 접근은 오히려 한반도 긴장을 고조시키고, 평화 프로세스를 어렵게 만들었다.

특히 북한을 압박하는 과정에서 군사적 긴장만 높아졌을 뿐, 실질적인 변화는 이끌어내지 못했다. 북한은 오히려 핵개발 속도를 높였고, 남북 간 대화 채널은 거의 끊기다시피 했다. 결과적으로 대북정책은 실패로 돌아갔다.

한미 원자력 협상에서도 박근혜 정부는 불리한 결과를 받아들였다. 대한민국은 평화적 핵연료 재처리 권한을 얻으려 했지만,

미국의 강한 반대에 밀려 이를 관철하지 못했다. 이로 인해 미래 원자력 기술 개발과 군사적 자율성 확보에서 제약을 크게 받게 됐다.

당시 정부는 이를 '성과'라고 포장했지만, 전문가들은 오히려 핵주권이 사실상 봉쇄당한 결과라고 평가했다. 대한민국의 중장기적 에너지 안보와 기술 독립에 치명적인 한계를 남긴 것이다.

이 모든 과정에서 공통적으로 나타난 문제는 원칙 없는 국정운영이었다. 상황에 따라 말을 바꾸고, 국가 이익보다 정권의 입장을 우선시하는 태도는 결국 국가적 손실로 이어졌다.

박근혜 정권의 실정은 정치, 경제, 외교, 안보 모든 분야에서 복합적으로 드러났다. 한두 가지 실수가 아니라, 구조적인 무능과 무책임이 낳은 결과였다. 국정운영의 기본을 무시한 대가였던 것이다.

이제 대한민국은 박근혜 정부의 실패를 교훈 삼아야 한다. 권력자가 원칙을 지키지 않을 때, 국가 전체가 어떤 혼란과 비용을 치르게 되는지 잊지 말아야 한다. 실정의 역사를 반복하지 않기 위해, 시민들은 더욱 깨어 있어야 한다. 더는 대통령이 탄핵 되고, 파면 당하는 그런 나라는 반복되지 말아야 하지 않을까.

보수 정치의 그림자, 역대 대통령이 증언한다

 대한민국 현대 정치사에서 보수 정당의 족적은 결코 가볍지 않다. 자유민주주의를 지키겠다던 그들의 기치는 외부의 위협에 맞설 방패였지만, 동시에 내부의 부패와 독선을 가리는 장막이 되기도 했다. 역대 대통령들의 퇴장 방식은 그 정치적 유산을 되묻게 만든다고 생각한다.
 이승만 대통령은 한국전쟁이라는 격변 속에서 나라를 이끌었지만, 3.15 부정선거를 통해 정권을 연장하려다 민심의 분노에 직면했다. 4.19혁명은 그를 하야로 몰아냈고, 이는 대한민국 헌정사 최초의 시민혁명이었다. 보수 정치의 첫 서막이 불명예로 끝난 셈이었다.
 이승만은 대한민국 초대 대통령으로서 건국과 반공체제 수립에 기여했지만, 권력 연장에 집착하며 민주주의 원칙을 훼손했다. 3선 개헌과 3.15 부정선거는 민심의 저항을 불러왔고, 결국 4.19혁명으로 하야하게 되었던 것이다. 독립운동가에서 독재자의 길로 변질된 그의 통치는 한국 민주주의 초석 위에 남긴 첫 번째 경고라고 할 수 있다.

박정희 대통령은 경제 성장의 아이콘이었지만, 권력을 놓지 못했다. 18년의 장기집권과 유신체제는 민주주의를 질식시켰고, 그 끝은 그의 심복에 의한 피살이었다. 경제는 살렸지만, 민주주의를 죽였다는 평가가 그를 상징하고 있다.

박정희는 경제 개발의 주역이자, 동시에 민주주의를 유린한 상징적 인물이다. 5·16 군사쿠데타로 권력을 잡은 그는 반공과 근대화를 명분으로 정권을 장악했고, 이후 경제 성장을 강력히 추진했다. 산업화와 수출 중심 전략으로 '한강의 기적'을 이끌었으며, 대한민국을 저개발국에서 중진국으로 끌어올린 주역으로 평가받는다. 그러나 그 이면에는 철저한 권위주의가 자리하고 있었.

1972년 유신헌법을 통해 종신집권을 시도하면서 민주주의는 사실상 중단됐다. 국회를 무력화하고, 언론과 시민의 기본권을 제한했으며, 반대 세력은 공안정국 속에 억압했다. 박정희는 국가 발전이라는 이름 아래 절차적 정당성을 무시했고, 결국 독재의 종말은 측근에 의한 피격이라는 비극으로 막을 내렸다. 박정희의 유산은 빛과 그림자가 공존하며, 지금도 평가를 둘러싼 논쟁이 끊이지 않고 있다.

전두환은 군사 쿠데타로 권력을 잡았다. 광주에서 무고한 시민이 피를 흘렸고, 그는 이를 철저히 은폐했다. 민정당이라는 이름으로 정당성을 포장했지만, 퇴임 후 내란죄와 뇌물죄로 단죄됐다.

이는 보수 정치가 법치주의를 어떻게 유린했는지 보여주는 상징적 사건이었다.

김영삼은 예외적 존재로 평가받지만, 그 역시 한나라당의 뿌리를 놓은 인물이다. 외환위기를 막지 못한 책임으로 임기 말 국민적 신뢰를 잃었고, 그 후속 정권은 다시금 보수로 돌아섰다.

노태우는 전두환의 후계자라는 이미지에서 벗어나기 위해 '보통사람'이라는 캐치프레이즈를 내세웠다. 군부 출신이지만 유화적인 태도와 온건한 이미지로 정치적 기반을 다졌고, 1987년 대통령 직선제 개헌 이후 치러진 첫 선거에서 당선되었다.

그러나 그가 집권하게 된 배경에는 6·29 선언이라는 시대적 타협이 있었고, 이는 국민운동의 힘에 밀린 결과였다. 노태우 정권은 전두환 시절의 강압적 통치를 일정 부분 청산하는 듯 보였지만, 본질적으로는 군부세력의 연장이었다. 민주화를 요구하는 민심을 완전히 수용하지 못했고, 권위주의적 요소는 여전히 정권 내부에 잔존했다. 정치개혁보다는 기존 체제를 유지하려는 성격이 강했고, 이에 따라 시민사회와의 갈등이 이어졌다.

외교적으로는 북방외교라는 성과를 이뤄냈다. 냉전 종식 흐름 속에서 소련, 중국과 수교를 맺으며 외교적 지평을 넓혔고, 남북기본합의서와 한반도 비핵화 공동선언도 성사시켰다. 이는 외교 분야에서 높이 평가받는 부분으로, 후속 정권의 대북정책에도 중요한 영향을 끼쳤다.

그러나 내부적으로는 부패와 정경유착의 고리가 끊기지 않았다. 재벌 중심의 성장 정책은 경제적 불균형을 심화시켰고, 노태우 본인 역시 퇴임 후 비자금 조성 등 혐의로 전두환과 함께 법의 심판을 받게 된다. 그의 퇴장은 군사정권의 마지막 단면을 보여주는 역사적 장면이었다.

노태우는 보수 정권의 연장선에서 나름의 변화와 개혁을 시도했지만, 뿌리 깊은 권력 구조의 한계를 넘지 못했다. 군사정권에서 문민정부로 넘어가는 과도기적 인물로서, 그는 새로운 시대를 여는 문을 열었지만, 완전히 들어서지 못한 채 퇴장했다. 그의 정치 인생은 과도기의 모순과 가능성을 동시에 품고 있었다.

김영삼은 군부 정치 청산과 문민정부 수립을 통해 한국 정치사에 새로운 이정표를 세운 인물이다. 하나회 척결, 금융실명제 도입, 전직 대통령에 대한 사법처리 등 과감한 개혁은 한국 사회의 구조적 적폐를 드러내고, 민주주의의 제도화를 앞당겼다. 그는 보수 정치인으로서도 민주화운동의 중심에 섰다는 점에서 독특한 위치를 차지한다고 하겠다.

그러나 개혁의 명분과 실천 사이에는 간극이 있었다. 세계화와 탈규제를 앞세운 경제 정책은 방향성은 옳았으나, 준비 부족과 감독 실패로 외환의 위기를 자초했고, 이는 수많은 국민에게 고통을 안겼다. 김영삼의 유산은 개혁의 상징이자 위기관리 실패의 교훈으로, 오늘날에도 정치 지도자의 책임과 한계를 되새기게 만든다.

박근혜는 대한민국 첫 여성 대통령이었지만, 최순실 국정농단 사태로 탄핵됐다. 국민의힘의 전신인 새누리당은 무능과 부패로 지탄받았고, 거리로 나선 국민들이 촛불을 들었다. 이는 헌정 사상 최초의 대통령 탄핵이라는 결과로 이어졌다.

박근혜는 유신의 상징이었던 박정희의 딸이라는 정치적 배경 속에서 보수 진영의 아이콘으로 성장했다. 여성 최초의 대통령으로 당선되며 유리천장을 깼고, '준비된 대통령'을 자처하며 민심을 얻었다. 하지만 소통 부족과 폐쇄적 국정운영은 임기 초부터 한계를 드러냈고, 권력의 사유화가 점차 드러나기 시작했다.

결정적 국면은 '최순실 국정농단'이었다. 비선 실세가 국정을 좌지우지한 사실이 드러나며 국민적 분노가 폭발했고, 촛불집회로 이어졌다. 결국 헌법재판소는 탄핵을 인용했고, 박근혜는 헌정사 최초의 파면된 대통령이라는 불명예를 안았다. 박근혜의 정치 여정은 극적인 상승과 추락의 연속이었으며, 권력의 책임성과 민주주의의 기본 원칙을 재확인시킨 사건이었다.

윤석열 정권 역시 국민의힘 소속이다. 집권 초반부터 인사 실패와 독단적 국정운영으로 여론의 질타를 받았고, 결국 2024년 헌정사 두 번째 탄핵이라는 초유의 사태를 맞았다. 연이어 반복되는 보수 정권의 몰락은 우연이 아니다.

보수 정당은 '안정'과 '전통'을 내세웠지만, 실제로는 권력의 사유화와 기득권의 보호에 몰두해 왔다. 국민의 목소리를 듣기보다, 집권만을 위한 정당 조직에 집중해 민주주의의 기본 정신을 훼손했다.

물론 진보 정당이라 해서 결코 완전하지 않다. 그러나 최소한 그들은 권력의 자기혁신과 사회 구조 개혁이라는 문제의식을 가지고 있었다. 반면, 보수는 시대 변화에 눈 감고, 과거의 유산에 기대며 안일한 정치만 반복해왔다.

이제는 묻지 않을 수 없다. 보수 정당은 국민에게 어떤 정치적 책임을 다했는가? 자유를 말했지만, 자유를 제한했고 법치를 말했지만, 법 위에 군림했다. 책임지는 정치, 새로운 보수의 탄생이 없다면, 이 악순환은 계속될 것이다. 환골탈태(換骨奪胎)하지 않으면 대한민국의 미래는 항상 어두운 길을 걷게 될 것이다.

한국 보수의 민낯과 민주주의의 위기

2024년 12월, 대한민국 정치사에 또 하나의 충격적인 사건이 기록되었다. 윤석열 대통령의'12.3 내란 시도'는 국민의 저항과 국회의 계엄 해제 결의, 그리고 대통령 탄핵 의결로 인해 일단 저지되었다. 계엄령을 무리하게 선포하고 국회를 군·경찰로 봉쇄한 행위는 자유민주주의 국가에서 상상하기 힘든 일이었다.

이러한 헌정질서 파괴 행위에 대해 국회는 두 차례에 걸쳐 탄핵안을 상정했다. 첫 번째 표결에는 여당인 국민의힘 의원들이 모두 불참하여 투표 자체가 무산되었지만, 국민적 비판이 커지자 결국 이후에 계속된 탄핵 표결에서 일부 여당 의원들이 찬성표를 던져 결국 탄핵안이 가결되었다.

이번 탄핵은 2016년 박근혜 대통령 탄핵과 비교되곤 한다. 당시에는 보수 정당 내 일부가 탄핵에 동참하며 스스로 책임을 지는 모습도 있었다. 그러나 2024년의 보수 정당은 정반대였다. 대통령의 명백한 위헌적 행위에도 불구하고 끝까지 방어하려 했다. 이는 단순한 정당의 입장 차이를 뛰어넘어 그 이상으로 보인다.

이쯤에서 질문 하나를 던져본다. 한국의 보수는 과연 민주주의를 진심으로 믿고 있을까?

보수의 위기

한국 보수 세력은 오랜 시간 동안 분단 체제와 산업화를 이끌어온 주역이다. 하지만 그 이면에는 권위주의적인 역사도 함께 존재한다. 민주화 이후 보수는 변화해야 했지만, 오히려 시대의 요구에 응답하지 못했다. 새로운 가치나 이념 없이 과거의 반공주의, 안보 논리에 기대 왔고, 보수의 권력으로 남았다.

'보수의 가치가 무엇인가?'라는 질문에, 여전히 많은 청년들이 명확히 답하지 못한다. 반면, '권력' 앞에서는 놀라울 만큼 하나로 단합한다. 그 결과가 바로 박근혜 전 대통령을 수사했던 인물들이 다시 박 전 대통령을 찾아가 머리를 조아리는 장면으로 나타났다. 그리고 그중 하나가 바로 윤석열 대통령이다.

보수가 다시 태어나야 한다. 권력을 위한 보수가 아니라, 민주주의의 원칙을 내면화한 '민주적 보수'가 되어야 한다. 더불어 이번 탄핵을 지지한 시민들의 연대를 일시적인 분노의 결집이 아니라, 장기적인 민주 연대로 발전시켜야 한다. 정파적 증오를 넘어서는 시민 연대가 한국 민주주의를 지켜낼 수 있는 것이다.

지금 이순간, 우리에게 필요한 것은 단 하나다. 민주주의를 행동으로 지켜내는 용기가 필요하다는 것이다. 여전히 민주주의는 늘 위태하기 때문이다. 우리는 이번 비상계엄에서 윤석열을 탄핵해 파면에 이르지 못했다면 또 하나의 불안한 선례를 남겼을 것은 뻔하다. 대통령 권한을 행사하는 통수권자에게 계엄을 시도해도 괜찮을 것이라는 가능성을 남기는 꼴이 되었을 것이었다.

제7장 유튜브의 교훈

유튜브와 윤석열, 무너진 사회 신뢰의 기록

지난해 12월 3일 윤석열 대통령이 비상계엄을 선포하면서 한국 사회는 급격히 달라졌다. 기성 언론에 대한 불신은 극에 달했고, 극단적 주장과 허위정보가 사회를 집어삼켰다. 대통령이 직접 나서 유튜브 기반 극우 세력을 인정하고 키우면서 사회적 신뢰는 깊게 무너졌던 것이다. 비상계엄 이후 보수 언론 내부에서도 분열이 나타났다. 동아일보는 윤 대통령의 계엄 선포를 강하게 비판하며 수사 거부를 본질적 문제로 지적했다.

반면 매일신문과 아시아투데이는 윤 대통령 입장을 적극 대변하며 부정선거 의혹을 키웠다. 심지어 극우 유튜브 채널을 인터뷰하고 이들의 활동을 지면에 싣는 일까지 벌어졌다. 조선일보는 양비론과 물타기로 대응했지만, 오히려 극우 유튜버들로부터 배신자로 낙인찍히며 불신을 샀다.

언론의 혼란은 허위정보 매체의 급성장으로 이어졌다. 스카이데일리는 중국 간첩 99명 체포설을 제대로 된 검증 없이 보도하며 조회수를 폭발적으로 늘렸다. 유튜브화된 언론은 정통 취재를 거치지 않은 자극적 콘텐츠로 대중을 끌어모았다. 사람들은 정파적 콘텐츠를 소비했고, 언론과 유튜브의 경계는 허물어졌다.

극우 유튜버들은 내란 사태 이후 급성장했다. 헌법재판소 탄핵 심판을 둘러싸고 탄핵 각하 확정, 4대4 각하 유력 같은 허위 주장들이 난무했다. 유튜버들의 조회수와 슈퍼챗 수입은 2~3배 이상 폭증했다. 선거 부정 음모론, 화교설, 허위 음란설 등이 퍼지면서 극단은 더욱 강화됐다.

유튜버의 경계

폭력 사태도 일어났다. 서울서부지법 앞에서는 유튜버들의 난동으로 전쟁터 같았고, 취재 기자들이 폭행당했다. MBC, KBS, MBN, 연합뉴스 소속 기자들이 폭력과 욕설에 노출됐고, 언론에 대한 집단 폭행은 과거와 비교할 수 없을 만큼 심각했다. 심지어 기자 응징 목록까지 만들어지는 현실이 되어버렸던 것이다.

윤석열 정부는 유튜브 세력을 제어하기는커녕 오히려 활용했다. 유튜브를 통해 허위정보를 확산시키고, 극단을 동원하며 국정 운영의 도구로 삼았다. 대통령 스스로 조선일보, 중앙일보, 동아일보 같은 전통적 미디어인 레거시 미디어 대신 유튜브를 소비하고, 극우 채널을 메인 파트너로 삼은 결과 민주주의 기반 자체가 심각하게 흔들렸다.

전문가들은 유튜브의 양면성을 지적했다. 유튜브는 비상계엄 시도 당시 시민들의 실시간 대응에 기여하기도 했지만, 이후에는 사회 혼란의 숙주가 되었다. 여당 일각은 음모론과 내란적 주장에 동조했고, 정부는 허위정보를 막기는커녕 동원 수단으로 삼았던 것이다.

법적 대응은 여전히 부실하다. 여야는 허위정보 규제에 대한 합의조차 이루지 못했다. 사이버렉카와 극우 유튜버들이 활개를 치는 가운데, 유튜브 특별법 같은 강력한 규제조차 마련되지 않았다. 결국 사회 전체가 허위와 선동에 노출된 채 무방비로 남겨졌던 것이다.

윤석열 전 대통령의 몰락은 단순한 개인의 실패가 아니다. 그것은 유튜브 기반 극우 정치, 허위정보 기반 대중 동원의 위험성을 보여주는 상징적인 사건이었다. 대통령이 선동과 분열의 플랫폼을 동맹 삼을 때, 국가는 신뢰를 잃고 민주주의는 심각하게 훼손된다고 볼 수 있다.

앞으로 한국 사회가 나아가야 할 길은 분명하다. 허위정보를 퍼뜨리는 구조를 바로잡고, 미디어 환경을 민주주의에 맞게 다시 세워야 한다. 그렇지 않으면 또 다른 위기와 또 다른 내란이 시간 문제일 뿐이다.

유튜브에 갇힌 윤석열, 그리고 무너진 공공질서

윤석열 전 대통령은 유튜브에 기대면서 스스로 고립의 길을 걸었다. 그의 탄핵과 구속 이후, 서울서부지법 앞에서 벌어진 소란은 극우 유튜버들이 중심이었다. 이들은 판사와 기자, 심지어 헌법재판관까지 중국인이라 주장하며 허위정보를 퍼뜨렸다. 관저 주변에서 탄핵 반대 집회 때에도 중국인들이 대거 참석했다고 억지를 부렸다.

문제는 단순한 허위정보가 아니다. 유튜브의 극단적인 수익구조가 이를 키웠다. 사이버렉카라 불리는 유튜버들은 자극적인 영상과 음모론으로 조회수를 얻고 돈을 벌었다. 고인을 조롱하거나 개인에 사생활을 난도질하는 영상들이 끊임없이 생산됐다. 집회 현장을 중계하는 유튜브 라이브 방송에는 엄청난 슈퍼챗이 쏟아졌다. 하루에 5천만 원 이상의 후원이 답지할 때도 있었다.

윤석열은 취임 초부터 극우 유튜브와 손을 잡았다. 그가 이들을 인정하고 키운 결과, 유튜브는 정권의 행동대장이 되었다. 허위정보, 분열 조장, 혐오 선동이 대통령 눈앞에서 벌어졌지만 오히려 이를 부추겼다. 그 결과 국론은 분열되고 사회 신뢰는 무너졌던 것이다.

유튜브 플랫폼 역시 책임을 회피했다. 구글은 이런 점에 대해 전혀 문제를 해결할 생각을 하지 않은 듯하다. 한국은 전 세계에서 유튜브 뉴스 소비가 가장 많은 나라지만, 유튜브는 법적 규제 없이 수익만 챙겼다. 독일처럼 플랫폼 책임을 강화하는 특별법이 필요하지만, 한국 정치권은 여야가 가짜뉴스 정의조차 합의하지 못하며 시간을 허비했다.

유튜브는 지금 사실상 공공질서를 해치는 숙주가 됐다. 모든 유튜브가 그렇다는 것은 아니지만, 일부 몰지각한 유튜브는 오직 구독자, 조회수, 좋아요 등을 위해 1인 방송의 선을 넘고 있는 실정이다. 사이버렉카들은 클릭 수를 위해 무책임한 말언을 쏟아내고, 언론은 이를 다시 받아쓴다. 언론과 유튜브가 서로를 정보원 삼는 구조 속에서 허위와 과장이 끝없이 증폭되고 있다.

윤석열 대통령실은 극우 유튜버를 직접 관리하려 했다는 의혹까지 받았다. 계엄령을 준비하면서 주변 참모들조차 왜곡된 신념을 공유했고, 미디어 환경을 제대로 이해하는 참모는 없었을 것이다. 결과적으로 대통령실은 오히려 극단적인 유튜버들을 키우는 시스템이 되어버렸다.

허위정보를 퍼뜨리는 유튜버들은 처벌받을 위험이 거의 없다.

걸린다 해도 벌금 수준에 그친다. 플랫폼, 언론, 정부 모두 책임을 지지 않는 상황에서 거짓은 빠르게 확산되고, 그 피해는 고스란히 사회 전체에 돌아가는 것이다.

특히 연예인이나 일반 시민이 실수하거나 불행을 겪었을 때, 유튜버들은 이를 집요하게 파고든다. 연예인의 사생활, 잘못, 심지어 사망까지 돈벌이로 소비된다. 유튜버들이 사실상 개인의 사회적 생존 여부를 결정하는 끔찍한 구조로 자리를 잡은 셈이다.

극우 유튜브에 빠진 윤석열

유튜브를 통한 허위정보 문제는 단순한 언론의 자유 문제가 아니다. 이는 생존과 안전, 그리고 민주주의의 기반을 허무는 문제다. 늦었지만 이제라도 특별법 제정과 플랫폼 규제 강화가 시급하다. 법이 없으면, 한국 사회는 계속 유튜브라는 거대한 음모 공장에 갇힐 것이다. 문제가 많은 거짓 뉴스, 왜곡된 뉴스를 양산해 결국 우리 사회를 어둡게 만들거나, 왜곡하고 폭력적으로 만들 것이다.

  윤석열 전 대통령의 몰락은 결국 유튜브와 극우 문화에 스스로 기대었던 선택의 결과라 할 수 있다. 그리고 지금도 우리 눈앞에서는 극단과 혐오, 거짓이 또 다른 누군가를 향해 칼날을 들이대고 있다. 이 현실을 바로잡지 못하면, 다음 피해자는 우리 모두가 될지도 모르는 일이다. 올바르고 건전한 유튜브 문화가 자리 잡도록 정부는 이제부터라도 법을 만들고, 문화적 풍토를 가꿔나가야 할 것이다.

유튜브에 빠진 지도자, 후대에 남긴 뼈아픈 교훈

 윤석열 대통령의 몰락은 단순한 개인의 실패가 아니다. 그것은 앞으로 지도자가 무엇을 경계해야 하는지를 뚜렷하게 보여주는 살아 있는 교훈이다. 지도자는 정보의 홍수 속에서도 중심을 잡아야 한다. 편향된 정보에 빠지거나 자신이 듣고 싶은 말만 듣는 순간, 현실 감각은 무너진다. 윤 대통령은 극우 유튜브에 몰입하며 세상을 좁게 보고, 국민과 멀어졌다.

 권력자가 공론장을 떠나 음모론과 소수의 확증 편향에 기대면, 결국 국가 전체가 혼란에 빠진다. 윤 대통령은 스스로를 지지해 주는 극소수의 목소리에만 의존하며 비상계엄이라는 초유의 사태를 불러왔다.

 지도자는 두려움을 통치의 도구로 삼아서는 안 된다. 윤 대통령은 불신과 공포를 기반으로 정치를 운영하려 했지만, 결과는 고립과 파국뿐이었다. 국민의 신뢰를 잃은 권력은 모래성처럼 무너질 수밖에 없다.

정치는 끊임없는 소통과 균형의 예술이다. 다양한 의견을 듣고 비판을 수용할 줄 알아야 한다. 하지만 윤 대통령은 불편한 진실을 외면하고, 자신을 찬양하는 목소리만을 키웠다. 그 대가는 너무나 혹독했다.

지도자는 권력의 유혹을 경계해야 한다. 유튜브를 통한 지지층 결집은 달콤했지만, 그 유혹에 빠진 순간, 윤 대통령은 국가를 사유화하고 민주주의를 파괴하는 길로 접어들었다. 극단에 기대는 지도자는 결국 자신도 파괴한다. 윤 대통령은 극우 세력과 손잡으며 당장의 지지를 얻었을지 모르지만, 그 선택이 스스로의 정통성과 미래를 무너뜨렸다는 사실을 끝내 외면했다.

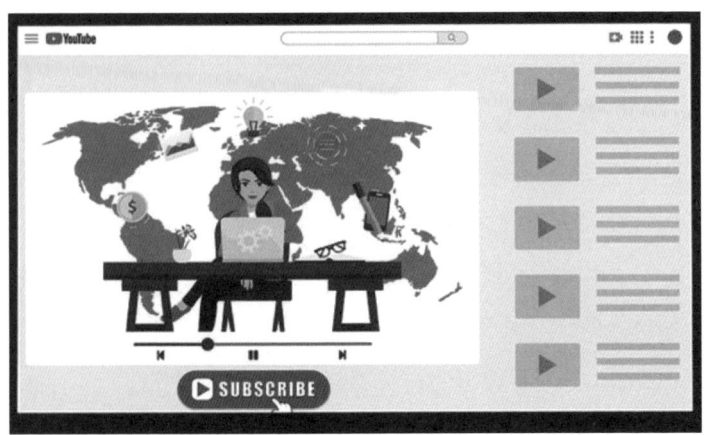

지도자와 유튜브

후대의 지도자들은 기억해야 한다. 권력은 국민에게서 나온다. 그리고 그 국민은 다양하고 복잡하다. 특정 집단에 갇혀 전체를 외면하는 순간, 지도자는 더 이상 국민의 대표가 아니라 개인의 망상에 사로잡힌 외톨이가 된다.

윤석열 대통령의 몰락은 경고다. 시대를 역행하고, 현실을 부정하고, 음모론에 기대는 지도자는 결코 오래 살아남지 못한다. 진정한 지도자는 열린 마음으로 국민과 함께 호흡해야 한다.

앞으로 이 땅에 서게 될 모든 지도자들에게 말한다. 유혹에 눈이 멀지 말고, 두려움에 휘둘리지 말고, 국민 모두를 섬기는 마음으로 나라를 이끌어라. 윤석열의 실패를 거울삼아야 한다. 그래야 대한민국이 발전하고, 후대에 미래를 물려줄 수 있는 법이다.

윤석열 대통령, 유튜브 문화와 함께 무너진 신뢰

최근 윤석열 대통령 탄핵 반대 집회에 한 미국인 유튜버가 등장해 논란이 커졌다. 바로 평화의 소녀상에 입을 맞추는 등 부적절한 행동으로 유명해진 조니 소말리였다. 그가 윤 대통령을 지지하는 극우 집회에 모습을 드러냈다는 사실은 많은 것을 시사한다.

조니 소말리는 극우 집회로 보이는 곳에서 종북좌파 중국공산당 OUT이라고 적힌 손팻말을 들고 구호를 외쳤다. 그는 붉은색 MAGA 모자를 쓰고 있었는데, 이는 트럼프 전 미국 대통령의 대선 구호이기도 하다. 결국 윤 대통령 지지 집회가 단순한 국내 정치 운동이 아니라, 극우적 성향을 공유하는 국제적 흐름과도 닿아 있다는 점을 보여준다.

조니 소말리는 단순한 시위 참가자가 아니다. 그는 과거 자신의 SNS에 북한을 찬양하는 영상을 올리기도 했고, 중국 공산당을 지지하는 발언을 해 논란을 일으킨 인물이다. 이런 사람이 윤 대통령 탄핵 반대 집회에 참여했다는 사실은 집회 자체의 신뢰성에도 큰 타격을 입혔다.

조지 소말리(출처:나무위키)

더 심각한 문제는 소말리의 행동 이력이다. 그는 서울의 한 편의점에서 난동을 부린 혐의로 재판에 넘겨졌고, 평화의 소녀상에 대한 모욕 행위로도 국민적 공분을 샀다. 폭행, 마약, 성 범죄물 유포 등 다양한 혐의로 경찰 수사를 받는 인물이기에, 그의 등장 자체가 집회의 수준을 의심하게 만들었다.

이 사건은 윤석열 대통령과 유튜브 문화의 관계를 다시 한번 조명하게 한다. 윤 대통령은 취임 초부터 극우 성향 유튜버들과 긴밀히 소통해왔다. 극우 유튜브는 그의 정치적 기반을 뒷받침해 주었고, 때로는 그를 위한 여론전을 주도하기도 했다.

하지만 문제는 바로 그 극우 유튜브 문화의 질이었다. 음모론, 가짜뉴스, 욕설, 혐오 발언이 난무하는 환경 속에서 대통령이 방향 감각을 잃기 시작한 것이다. 그리고 그 끝은 소말리 같은 인물들까지 무비판적으로 끌어안게 되는 파국으로 이어졌다.

이번 사태를 통해 우리는 극우 유튜브와 대통령 정치가 결합할 때 어떤 일이 벌어지는지 목격했다. 지도자가 정제된 정보 대신 유튜브를 통해 왜곡된 세계를 받아들이게 되면, 결국 국정 운영은 현실과 괴리되기 시작한다.

누리꾼들도 이번 사태를 비판했다. 끼리끼리 논다, 태극기 집회가 소말리까지 스카우트했냐는 반응이 터져 나왔다. 이 조롱 속에는 윤석열 정권과 극우 유튜브 문화에 대한 깊은 냉소와 분노가 담겨 있다.

윤 대통령이 유튜브 세계에 너무 깊숙이 빠져든 결과는 참혹하다. 신뢰는 무너졌고, 국민은 등을 돌렸다. 지도자가 오직 자신을 추켜세우는 작은 세계에 안주할 때, 현실은 반드시 무너진다는 교훈을 남긴 것이다.

윤석열 대통령, 유튜브 중독과 파면까지의 기록

12월 3일 밤, 대한민국은 충격에 빠졌다. 윤석열 대통령이 돌연 비상계엄을 선포한 것이다. 놀랍게도 계엄군이 가장 먼저 향한 곳은 국회와 동시에 선거관리위원회였다. 계엄령이 내려진 지 10분도 채 되지 않아 300명이 넘는 병력이 선관위 청사에 들이닥쳤다. 심지어 국회에 투입된 병력보다 더 많은 숫자였다고 한다.

왜 선관위였을까? 김용현 전 국방부 장관은 부정선거 의혹을 조사하려면 시스템과 시설 확보가 필요했다고 말했다. 극우 유튜버들이 끊임없이 주장해온 부정선거 음모론이 실제 국정운영에 영향을 준 것이다.

사실 윤 대통령은 취임 초기부터 극우 성향 유튜버들과 깊은 관계를 맺었다. 2022년 취임식에는 이봉규TV, 가로세로연구소 같은 유튜버들이 대거 초청되었다. 대통령실이 극우 채널과 소통을 중시했던 흔적이라 할 수 있다.

또한 대통령실은 극우 인사들을 채용하기도 했다. 부정선거 음모론을 주장한 안 모 씨의 친누나가 대통령실 공무원으로 들어갔고, 다른 행정관은 임시정부 부정 발언까지 서슴지 않았다. 극우적 관점이 정부 안으로 스며들었던 셈이다.

유튜브 자체의 중독성도 문제였다. 윤 대통령은 반복적으로 자신과 생각이 일치하는 유튜브 채널만 소비하면서 확증 편향에 빠져들었다. 갈수록 현실과 동떨어진 시각이 강화됐다. 특히 부정선거 음모론에 깊이 빠졌다. 계엄군이 선관위를 장악하려 했던 것도 이런 배경 때문이다. 하지만 그동안 모든 수사와 재판 결과 부정선거는 없었던 것으로 확인됐다.

실제로 경찰과 검찰은 4·15 총선 관련 부정선거 의혹을 모두 불송치 처분했다. 대법원도 민경욱 전 의원이 제기한 소송을 기각했다. 한국에서는 부정선거가 사실상 불가능했다. 그럼에도 윤 대통령은 국민의힘 의원들조차 믿지 못했다. 검사 출신인 그는 정치 기반이 약했고, 여당 의원들도 언제든 변할 수 있다고 의심했다. 이 때문에 오히려 극우 유튜버들에게 심리적 의존을 하게 된 것이다.

윤 대통령은 대선 전부터 이미 선거가 썩었다, 선관위가 문제다는 발언을 공개적으로 해왔다. 대통령이 될 때부터 이미 부정선거 의심이라는 필터를 끼고 세상을 보기 시작한 셈이다.

비상계엄 이후 윤 대통령은 또다시 극우적 표현이 가득한 담화문을 발표했다. 반국가세력, 데이터 조작 같은 표현은 극우 유튜브 채널에서나 자주 등장하는 말이었다. 문제는 여기서 끝나지 않는다. 탄핵 재판 과정에서도 윤 대통령은 자신의 주장을 반복했다. 유튜브에서 얻은 정보에 확신을 가진 답변을 늘어놓았다. 그러면 극우 유튜버들은 이를 증폭해 또다시 분열적 분위기를 조성하며 더 나쁜 악성 루머를 구축한 것이다.

결국 윤석열 대통령은 탄핵이라는 정치적 최후를 맞이했다. 헌법재판소는 그의 파면을 인용했고, 대한민국 역사상 또 하나의 대통령이 법정에 의해 자리에서 물러나는 순간을 기록했다.

하지만 더 깊은 문제는 따로 있다. 비록 윤 대통령 개인은 무너졌지만, 그가 키워놓은 극우적 세계관은 앞으로도 정치권 곳곳에서 살아남을 가능성이 높기 때문이다. 대한민국은 이제 그 유산과 싸워야 하는 운명까지 떠안게 되었다고 봐야 할 것이다.

보수 유튜버들이 대통령을 무너뜨렸다

 요즘 대한민국 정치사에서 가장 충격적인 사건이라면, 단연 윤석열 대통령의 탄핵과 헌법재판소의 인용 결정이다. 이 사건은 단순히 한 대통령의 실패로 끝나지 않는다. 그 배후엔 기이한 풍경이 있다. 바로 보수를 자처한 유튜버들의 무책임한 선동과 과잉 충성, 그리고 자기 이익만을 좇는 정보 왜곡이 그 결정적인 한 축이었다.
 그들은 보수를 외쳤지만, 진정한 보수의 정신은 내팽개쳤다. 자유민주주의의 핵심인 견제와 균형을 버리고, 권력의 맹목적 옹호자가 되기를 자처했다. 권력에 대한 최소한의 의심 없이 대통령의 말이라면 무조건 옳다고 밀어붙였다. 문제는 그 영향력이 실로 거대했다는 점이다. 그들의 채널 구독자는 수십만에서 수백만 명에 이르렀고, 그중 많은 이들이 진실이라 믿고 정보를 흡수했다.
 유튜브 알고리즘은 선정적이고 자극적인 콘텐츠를 우선 배포한다. 이 구조 속에서 이른바 보수 유튜버들은 대통령 호위무사라는 타이틀로 스타가 되었다. 그들은 국정의 실패를 야당 탓으로 돌렸고, 외교 실패마저 언론의 조작이라며 일축했다. 비판의 목소리는 빨갱이로 몰렸다. 그리고 합리적 문제 제기는 배신으로 낙인찍혔다.

윤석열, 유튜브 노예가 되다

문제는 그들이 결국 윤 대통령을 보호하지도 못했다는 점이다. 도리어 그들의 지나친 편들기와 음모론 유포는 윤석열 정부의 신뢰를 파괴했다. 그 안에서 국민은 정책 실패에 대한 정확한 정보를 얻지 못했고, 대통령의 실책은 교정되지 않았다. 결과적으로 대통령은 점점 고립되었다. 그리고 국정운영은 사실상 마비 상태로 이어졌던 것이다.

이제 보수 진영은 냉정하게 성찰해야 한다. 진정한 보수는 국가의 지속 가능성과 헌법적 질서를 우선해야 한다. 대통령 개인의 안위나 특정 유튜버의 조회수 따위가 기준이 되어서는 안 된다. 그동안 유튜브 생태계를 기반으로 한 보수 정치 커뮤니티는 지나치게 감정적이고, 선동적인 길로 치달았다.

무엇보다 헌법재판소가 탄핵을 인용할 수밖에 없었던 데에는 부정선거에 대한 정보 왜곡과 국민 여론 오염이라는 중대한 배경이 있었다. 유튜버들의 허위 사실 유포와 과도한 정치 편향은 민주주의를 피폐하게 만들었다. 결과적으로 대통령의 정치 생명을 갉아먹는 데 기여했던 것이다. 이 얼마나 아이러니한 결말인가.

정치 콘텐츠는 단순한 오락이 아니다. 그것은 시민의 판단을 좌우하고, 나라의 방향을 결정짓는 무기다. 그 무기를 들고 자신들의 구독 수나 수익만을 생각한 유튜버들은 지금이라도 책임을 통감해야 한다. 언론이 될 수 없는 자들이 언론인인 척하는 것이 결국 모두를 불행하게 만들었던 것이다.

보수 유튜버들은 그동안 스스로를 깨어 있는 애국자라고 포장해왔다. 그러나 애국은 조국을 위해 희생하는 것이지 조국을 앞세워 돈을 버는 것이 아니다. 진실을 외면한 보수는 더 이상 보수가 아니다. 오히려 국가의 건강한 보수 정치를 해치는 해악일 뿐이다.

이제는 정리할 때다. 진짜 보수를 위한다면, 유튜버 중심 정치 생태계는 해체되어야 한다. 정당은 다시 중심을 잡아야 하고, 언론은 제 역할을 해야 한다. 정치인은 진심으로 국민을 바라봐야 한다. 보수의 이름으로 벌어진 이번 참사는 결국 보수 스스로가 해결하지 않으면 안 되는 과제가 되었다. 대한민국의 자유민주주의에 다시 날개가 달리기를 기대한다.

보수 진영의 위기, 무너지는 균형감각

　보수 유튜버 고성국의 행보가 심상치 않다. 그는 자칭 정치평론가라는 타이틀 아래, 유튜브를 통해 윤석열 대통령을 옹호하고 야당을 향한 공세를 이어가고 있다. 문제는 그가 단순한 비평을 넘어서, 음모론 수준의 주장을 지속하며 보수 진영의 극단화를 부추기고 있다는 점이다. 특히 부정선거론에 대한 맹신은 그의 콘텐츠 전반에 깔려 있으며, 이를 믿는 고정 시청자층도 적지 않다.
　윤석열 대통령이 실제로 고성국의 방송을 참고하거나, 영향력을 받았다는 정황은 공식적으로 확인된 바는 없다. 하지만 최근 이진숙 방송통신위원장의 복귀를 비롯한 일련의 행보를 보면, 대통령의 의중에 고성국식 논리가 일정 부분 반영된 것 아니냐는 해석도 가능하다. 대통령이 헌재의 이진숙 방통위원장 직무 정지 기각 결정을 내린 것을 보며 정치적 자신감을 얻었을 가능성도 배제할 수 없는 것이다.
　이진숙 위원장의 경우, 보수 성향이 매우 뚜렷한 인사다. 국회의 탄핵에도 불구하고 헌법재판소는 그녀의 복귀를 허용했다. 법적 절차상 문제가 없었다고 하더라도, 현재 방송통신위원회가 정상적인 기능을 수행할 수 없는 2인 체제라는 점에서 논란은 여전하다. 총 5명으로 구성되어야 할 방통위가 사실상 2명만으로 운영되는 것은 심각한 구조적 불균형이다.

그런 상황에서 EBS 사장으로 신동호 전 아나운서를 임명한 것은 또 하나의 문제를 낳았다. 신동호는 공영방송에서 사내 갈등의 중심에 있었던 인물로, 편향성 논란에서 자유롭지 못하다. 그의 EBS 사장 임명을 두고 언론계는 물론 교육계까지 우려의 목소리를 내고 있지 않은가.

결국 법원은 신 사장의 임명에 제동을 걸었다. 집행정지 가처분 신청을 받아들여 당분간 그가 EBS 사장에 임명되는 일은 어려워졌다. 이 역시 정부의 방송 관련 인사들이 얼마나 무리하게 진행되었는지를 보여주는 사례다. 방송 장악이라는 비판은 단순한 정치 구호가 아니라 실질적 우려로 전환되고 있는 실정이다.

보수 진영의 문제는 단지 인사에 국한되지 않는다. 극우적 성향의 유튜버와 방송인들이 정치 담론의 중심에 서고 있다는 사실이 문제의 본질이다. 고성국 같은 인물이 의제 설정자로 작동하면서, 합리적 보수의 목소리는 점점 설 자리를 잃고 있다. 그 결과, 정치적 토론은 사라지고 선동과 음모론만이 남았다고 볼 수 있다.

한때 보수는 법과 원칙을 강조하며 좌우 이념을 초월한 상식의 정치로 평가받기도 했다. 하지만 지금의 보수는 자신들이 강조하던 원칙마저 버리고, 진영논리에 갇혀 있다. 여기에 윤석열 정부의 일방적인 인사와 정책 방향은 보수 전체의 이미지를 더욱 왜곡시켰다고 평가할 수 있을 것이다.

보수의 위기

정치란 결국 신뢰다. 국민이 신뢰할 수 없는 지도자, 신뢰할 수 없는 방송, 신뢰할 수 없는 정책은 결국 붕괴하게 마련이나. 지금 보수 진영에 필요한 것은, 선동이 아니라 성찰이며 편 가르기가 아니라 균형 및 통합이다.

보수는 지금 분명 위기에 처해 있다. 단순히 지지율의 문제가 아니다. 지금의 보수는 균형 감각을 잃었다. 그리고 그 중심에는 선동의 정치와 확증편향의 미디어가 자리하고 있다. 보수를 자처하는 미디어, 종편방송, 공영방송까지. 여기에 극우 유튜버들까지 난립하여 설쳐대고 있다. 보수가 스스로를 구원하려면 지금이라도 멈추고 되돌아봐야 한다. 뼈와 살을 도려내는 아픔으로 변화를 추구해야 향후 우리 사회에 살아남을 수 있다.

보수의 길을 잃다
극우의 유혹과 윤석열의 추락

대한민국 보수가 길을 잃었다. 한때 자유민주주의와 시장경제의 가치를 수호하며 정치적 균형을 이루던 보수 진영은, 이제 내부 분열과 극우화의 늪에 빠진 채 방향을 잃었다. 최근 윤석열 대통령이 탄핵 위기에 몰려 파면당하고, 결국 정치적 심판대에 오른 현실은 단순한 정권 실패를 넘어 보수 전체의 구조적 문제를 드러낸다. 이 위기의 중심에는 유튜브 정치, 종교적 정치세력, 그리고 극단적 담론이 있었다.

윤석열 대통령은 검찰총장 시절 공정과 정의를 외치며 중도 보수층의 기대를 한 몸에 받았다. 그러나 대통령 취임 이후, 그의 행보는 전통적 보수의 가치를 계승하기보다는 일부 극우 유튜버들의 담론에 지나치게 휘둘렸다. 이는 곧 국정의 중심축을 잃게 했고, 실용적 보수보다는 감정적 선동에 기댄 비정상적 정치 흐름으로 이어졌던 것이다.

윤석열과 극우의 추락

특히 전광훈 목사와 같은 종교 지도자들이 보수 정치의 전면에 등장하면서, 종교와 정치의 위험한 결합이 더욱 노골화됐다. 보수 진영의 가치가 신앙적 광신으로 대체되면서, 합리적 보수 유권자들의 이탈은 가속화되었고, 중도층은 더 이상 이들을 신뢰하지 않게 되었다. 신앙은 사적 영역이어야 하나, 이들은 공적 공간을 점령하고 있었다.

유튜브 기반의 극우 담론 역시 상황을 악화시켰다. 고성국 TV, 신의한수, 그리고 일부 정치 유튜버들이 전파한 내부의 적 프레임은 결국 보수의 자기 파괴적 전쟁을 야기했던 것이다. 전통적 보수 엘리트들은 이들에게 밀려났고, 포퓰리즘적 선동이 진지한 정책 논의를 대체했다. 유튜브의 구독자 수가 곧 정치적 영향력을 의미하는 시대가 도래한 셈이다.

황교안 전 국무총리와 같은 인물도 이러한 극우 흐름에서 자유롭지 않다. 그는 보수의 아이콘이었던 적도 있으나, 점점 더 극단적 담론에 기울면서 대중성과 설득력을 잃었다. 손현보, 김성원, 그리고 전한길 강사와 같은 인물들까지 정치적 해석에 가세하며, 보수의 정신은 점점 모호해졌다. 그 결과는 분열과 갈등이었다.

정치란 궁극적으로 국민을 위한 것이어야 한다. 그러나 이들 세력은 보수를 국민 위에 세우려 했다. 자신들의 해석만이 진리라 여기며 이견을 용납하지 않았고, 그 결과 보수 내부에서조차 견제와 토론이 실종됐다. 윤석열 대통령은 이 분위기에 휘둘렸고, 그 끝은 국정 난맥과 신뢰 상실이었다.

대통령의 탄핵 위기는 단순히 야당의 공세 때문이 아니었다. 오히려 내부의 분열과 이념적 방황이 진짜 위기의 원인이었다. 대통령은 중심을 잡지 못했고, 이를 지지하는 세력은 대통령을 현실과 유리된 환상의 아이콘으로 만들었다. 결국 그는 그들의 기대에 갇힌 채 스스로를 고립시켰다. 이렇게 윤석열 정권은 몰락했고, 헌법재판소에 의해 파면당했다.

정치는 생명력이다. 변화하는 시대에 맞게 진화하지 못하면 도태될 수밖에 없다. 지금의 보수는 시대와 소통하지 못하고, 자신들만의 진영 안에 갇혀 있다. 국민은 더 이상 이념에 휘둘리지 않는다. 그들은 현실적 대안을 원하며, 냉정한 평가 기준을 가진다. 그런 국민의 시선에서 지금의 보수는 답답하고 고루한 모습일 뿐이다.

보수 정치가 다시 일어서기 위해선 환골탈태의 자세가 필요하다. 종교와 선동, 감정이 아닌 정책과 실용으로 돌아가야 하며, 유튜브 정치가 아닌 국민과의 실질적 소통이 절실하다고 본다. 윤석열 정부의 실패를 타산지석 삼아야 한다. 새로운 보수는 과거의 영광에 기대지 않고, 반드시 미래를 준비하는 현실적 전략에서 시작해야 한다.

이제는 묻지 않을 수 없다. 누가 보수를 이 지경까지 몰고 왔는가. 그 답은 분명하다. 입으로 보수를 말하면서 행동은 극단을 택한 자들, 자신을 위해 보수를 소비한 자들, 그리고 지도자로서 책임을 다하지 못한 자들이었다. 대한민국 보수는 지금 재건의 기로(岐路)에 서 있다. 더 늦기 전에, 보수의 본질로 돌아가야 한다. 그래야 보수가 살고, 대한민국 정치가 살고, 대한민국의 미래가 존재하는 것이다.

전광훈, 극우 정치의 중심으로 떠오르다

전광훈 목사는 원래 부흥사였다. 1983년 사랑제일교회를 세우고, 청교도 영성훈련원을 통해 활동했다. 하지만 그가 대중적으로 이름을 알린 건 부흥사가 아닌 '빤스 발언' 때문이다. 성희롱성 발언으로 언론과 교계의 비판을 받으며 세간의 주목을 끌었다고 한다.

2007년 대선 정국에서 전 씨는 이명박 후보를 지지하지 않으면 생명책에서 지워버리겠다고 발언했다. 이후 기독정당 활동에 뛰어들었지만, 총선마다 실패를 거듭했다. 교회 은행 이자 2% 공약 등 황당한 주장을 내세웠지만, 지지율은 미미했다.

전 씨가 본격적으로 극우 정치의 중심에 선 건 문재인 정권 시절이다. 그는 문 대통령을 향해 간첩 운운하며 하야를 요구했다. 선거법 위반으로 구속되었지만, 풀려난 뒤 청와대 앞에서 집회를 이어가며 정치적 입지를 키웠다. 이때부터 그는 극우 진영의 아이콘으로 자리잡은 것으로 보인다.

장위동 사랑제일교회

2019년 그는 문재인 하야 범국민투쟁본부를 만들고, 보수 정치인들과 연대했다. 청와대 진입 시도 등 과격한 행동으로 경찰과 충돌하기도 했다. 그 과정에서 하나님 까불면 나한테 죽어 같은 극단적 발언으로 국내외 언론의 조명을 받았다. 참 가히 기가 막힐 노릇이다.

하지만 전 씨의 정치적 야망은 번번이 좌절됐다. 기독자유통일당, 국민혁명당, 자유통일당을 잇따라 창당했지만, 총선과 대선에서 번번이 실패했다. 비례대표 득표율도 2%를 넘지 못해 원내 진입에 실패했다. 끊임없는 도전에도 현실은 냉정했다.

전 씨의 행보는 논란의 연속이었다. 공직선거법 위반, 정치자금법 위반, 보석조건 위반 등으로 법적 논란이 끊이지 않았다. 학력위조 의혹, 목사 안수증 위조 의혹까지 제기되면서 그의 도덕성에도 큰 타격을 입었다. 교계 내부에서도 이단 규정 논란이 있었지만, 극우 기독교 세력의 반발로 무산됐다.

그럼에도 전 씨는 여전히 건재하다. 윤석열 대통령 탄핵 및 파면 정국 속에서도 다시 극우 세력의 중심에 섰다. 자유통일당을 기반으로 부정선거 음모론을 퍼뜨리며 지지층을 결집시키고 있다. 윤 대통령과의 관계를 강조하며 세력을 키우려는 움직임도 여전히 감지되고 있다.

전 씨의 지지 기반은 주로 극우 개신교다. 과거 한국교회가 그를 키웠고, 지금도 상당수 교회가 그의 극단적 정치 행보를 묵인하거나 지지하고 있다. 이는 한국 기독교 전체의 신뢰에 심각한 타격을 주고 있다. 교회의 정치화는 이제 되돌리기 어려운 수준에 이르렀다고 해도 과언이 아닌 것이다.

앞으로 윤석열 대통령의 탄핵 및 구속 여부와 관계없이 전광훈 씨의 광폭 행보는 계속될 가능성이 높다. 극우 진영에서 그의 존재감은 여전히 막강하다. 하지만 그의 정치적 도전이 성공할지는 별개의 문제다. 갈수록 거세지는 비판 속에서 전 씨가 어떤 선택을 할지 주목된다고 하겠다.

전광훈 목사는 한국 사회가 극단화되고 분열되는 과정을 상징적으로 보여준다. 종교와 정치, 허위정보와 선동이 뒤엉킨 오늘, 우리는 다시 기본으로 돌아가야 한다. 민주주의를 지키는 길은 극단과 선동이 아닌, 상식과 균형 위에 서는 것이다.

전광훈, 또 선 넘었다
내란 선동의 죄를 묻는다

윤석열 대통령 탄핵 정국에서 가장 눈에 띄는 인물 중 하나는 전광훈 목사였다. 그는 정치적 혼란을 기회 삼아 다시금 거리로 나섰다. 그는 언제나 중앙 정치 무대의 아킬레스건처럼 행동하며 우리 사회에 문제를 만들어낸 골치 아픈 인물이었다. 문제는 그가 단순한 발언을 넘어 폭력적 선동을 했다는 점이다.

전 목사는 자신의 지지자들을 자칭 애국 시민이라 부른다. 애국시민이란 그럴싸한 이름으로 이들을 포섭하고 현혹하게 만든다. 전광훈 목사는 이번 윤석열 탄핵 사건과 관련해 갑자기 국민 저항권을 외쳤다. 이는 헌법적 권리가 아니라 자기 입맛에 맞는 폭력의 정당화에 불과하다. 시민들을 부추겨 법과 헌법을 무시하고 법원의 질서를 무너뜨리는 것은 결코 정당한 행동이 아니다.

서울서부지방법원에 윤 대통령 지지자들이 몰려 난입한 사건은 그 위험성을 단적으로 보여주고 있다. 구호를 외치며 출입을 시도한 군중 속엔 전광훈 집회 참석자들이 대부분이었다. 이는 단순 시위가 아니라, 사법 질서를 위협한 불법 행동이었다. 그리고 계획된 난동이었음이 밝혀지지 않았는가.

더 놀라운 건 전광훈 목사의 발언이다. 그는 윤 대통령을 구치소에서 데리고 나올 수 있다고 말했다. 이는 허무맹랑한 발언이며, 결코 농담으로 하는 말이 아니었다. 전 목사의 특성은 과격한 언어와 행동을 들 수 있는데 그래야만 군중을 하나로 묶을 수 있기 때문인 것이다. 수많은 군중 앞에서 지껄인 이 발언은 공권력에 대한 전면적 도전이자 내란 선동의 핵심 행동이 되었다.

내란선동하는 전광훈

전광훈 목사는 이런 말도 안 되는 말로 군중을 선동하면서 마치 자신이 신이라도 되는 것처럼 자신을 헌법 위에 두고자 한다. 국민의 대표기관인 국회를 불법으로 몰고, 헌정 질서를 무너뜨리는 행동을 정당화한다. 이런 발언은 더 이상 종교의 이름으로 포장될 수 없다. 이건 종교가 아니라 정치 폭력이다. 그는 결코 광장으로 나올 게 아니라 교회의 사역장이나 강도상 앞에 서야 할 사람이었다.

자유민주주의는 다양한 의견을 보장하지만, 그것은 법과 질서라는 테두리 안에서만 가능하다. 그런데 전광훈 목사의 행동은 그 한계를 넘었다. 그는 폭력을 조장했고, 무질서를 선동했다. 이는 명백한 내란 선동죄에 해당한다. 이제 그의 죄를 물어 정의의 심판으로 단죄해야 하는 게 옳다.

과거에도 그는 정치적 발언으로 논란을 빚었지만, 이번에도 역시 선을 넘었다. 단순한 의사 표현이 아니라 폭력적 행동을 부추기고, 실질적 위협을 가한 점에서 상황은 매우 심각하다. 법적 처벌이 불가피한 상황이다. 대한민국 검찰과 법조계는 반드시 이 자의 죄를 물어야 하는 까닭이다.

국가가 무너지는 걸 기다릴 수 없다. 지금 전광훈 목사를 방치한다면, 또 다른 폭력과 소요사태가 반복될 것이다. 정치적 입장을 떠나서 내란 선동이라는 중대한 범죄에 대해서는 엄중한 처벌이 필요한 법이다.

이 사안은 종교의 자유 문제가 아니다. 법치주의의 수호에 관한 문제다. 정치 선동으로 법을 무시하고, 폭력을 부추기는 행위는 자유민주주의의 적이다. 우리는 더 이상 침묵해서는 안 된다. 그를 법 앞에 세워 반드시 단죄해야 하는 이유라고 할 수 있다.

전광훈 목사의 책임은 그 어떤 범법자보다 무겁다. 그가 내뱉은 말은 단지 말이 아니라, 수천 명을 움직이는 선동의 무기였다. 국가의 법과 질서를 무시하고 난동을 부려 대한민국 체제를 어지럽히는 불순한 의도, 이것은 그 자체로 아주 악마 같은 행동이다. 이들의 나쁜 행동을 절대 용납하지 말고 반드시 그에 대한 책임을 물을 때라고 생각한다.

전광훈 사랑제일교회 목사는 내란 선동 죄뿐 아니라 다른 혐의도 적용하는 방안이 검토 중이라고 한다. 전 목사는 현재 서부지법 난동 사태 등과 관련해 내란선전·선동 외에도 소요, 특수건조물침입, 특수공용물건손상 등의 혐의로 무려 11차례 고발당한 상태라고 한다. 전 목사가 그간 해온 발언들은 국가 안위를 심히 위협하고 있다. 특히 서부지법 사태 등은 피의자들 신문조서에도 적시되어 있는 실정이다.

법조인들뿐만 아니라, 시민단체 등도 전 목사를 내란 선동 혐의로 고발한 바 있다. 특히 전 목사의 지시에 따라 지난 윤석열 탄핵 사건과 관련해 서부지법 사태가 발생했다고 보는 시각이 지배적이다.

그는 혁명적 비상조치가 필요하다고 선동했다. 이거야말로 확고한 내란 선동의 증거물이다. 이는 내란 사건을 관할하는 안보수사과에서 사건을 조사 중에 있다고 한다. 이 사안에 대해 법리검토를 해야 하고, 이에 따라 전 목사에게 특수공무집행방해 등 다른 혐의가 있을 시 단호히 수사에 임해야 한다고 본다.

전 목사 외에도 내란 선동 혐의로 한국사 강사 전한길 씨도 고발되었다. 윤상현 국민의힘 의원에 대한 수사도 진행 중에 있다고 한다. 전광훈 목사는 헌법재판관들을 향해 적나라한 모욕적 발언을 하지 않았는가. 전 목사가 주축이 되어 교회 모금 활동도 하고, 자유 통일당 당원 가입도 유도한 것으로 알려졌다.

 전광훈 목사가 상투적으로 사용한 용어는 시민 불복종 투쟁, 국민저항권 등이었다. 그리고 집회 현장에서는 모금을 권유하는 헌금송을 불렀다. 전광훈 일당은 시위 주변 인근 까페에 까지 들러 모금을 하지 않았는가. 전광훈 일당의 불법성을 반드시 파헤쳐 내란 선동죄를 물어야 하지 않을까.

전광훈, 종교계의 좀비

전광훈 목사를 우리 사회의 좀비 같은 인물이라고 치부하는 사람들이 수없이 많다. 필자 역시 이런 생각에 동의하는 사람이다. 이번 윤석열 대통령 탄핵 및 파면을 맞아서 일부 비뚤어진 신앙을 빙자한 극우 교회의 폭력 선동과 부정선거 음모론이 기승을 부렸었다. 헌정 질서와 법치주의를 짓밟는 일부 몰지각한 목사들, 그들은 과격한 언어를 부끄럽게 사용한다. 욕설도 마다하지 않았다.

개신교계는 물론이고 이들은 우리 사회의 존립을 위협하는 수준으로 몸집을 키우고 있다. 지금도 이들이 버젓이 활개치며 목소리를 내고 있다. 한국의 기독교계 스스로 자정 운동에 나서지 않는다면, 결국 공멸의 길을 걸을 수밖에 없을 것이라고 필자는 생각한다. 전광훈 목사는 마귀나 다름없는 사람이다. 직업이 목사면 목회를 해야 정상일 텐데 그는 왜 욕설까지 매달며 거리로 나서는 것인지 이해할 수가 없다.

그는 사랑제일교회 목사로서 내란 선동 혐의를 받고, 과거에 감옥 생활도 하고 끊임없이 우리 사회를 불순하게 하며 혼란스럽게 만들고 있는 기생충 같은 사람이다. 지난 윤 대통령 탄핵과 관련해 서울서부지법 폭동 사건의 배후에 그가 있었다는 보도도 있지 않았는가.

서부지법 폭동 사태와 관련해 경찰은 총 99명을 수사했다. 그중 63명은 죄가 무거운지 구속 상태에서 수사했고, 36명은 불구속 상태에서 조사했다. 그런데 구속된 63명 중 62명이 검찰에 송치될 정도였다.

전광훈 목사는 서부지법 폭동 직전 광화문광장으로 모여달라고 선동했다. 그런데 사랑제일교회 특임전도사 2명이 경찰의 조사까지 받은 것으로 알려졌다. 전 목사는 당장 서울서부지법으로 모여서 대통령 구속영장을 저지하고 국민저항권을 발동해야 한다고 선동했다. 구속된 특임전도사 중 한 명으로 보이는 자가 폭동 당시 국민저항권 발동이 됐으니 당장 끝장을 봐야한다고 선동하는 모습이 영상에 담겼었다.

전광훈 목사는 전과가 화려하다. 좋은 쪽이 아니라 우리 사회의 나쁜 쪽으로 화려하다. 그는 문재인 정부 때도 서울 광화문광장의 폭력 집회를 주도한 혐의로 유죄 선고를 받고 집행유예로 풀려난 이력이 있다.

하지만 풀려난 이후 다시 집회를 주도했다. 한번 감옥 문턱을 밟자 간덩이가 커졌는지 더 과감하게 선동질을 부추긴 것이다.

12·3 계엄 후에는 윤상현 국민의힘 의원이 전 목사에게 90도로 허리를 굽혀 인사를 할 정도였다. 당시에는 국민의힘 의원들이 전 목사와 도모하려는 움직임이 감지되기도 하지 않았는가. 국힘 당권, 대권에 도전하기 위해 그의 눈치를 보는 의원이나 정치인들이 나타난 것이다. 정말 부끄럽고 불행한 일이 아닐 수 없다.

전광훈 목사는 보수의 타이틀도 지닌 사람이지만 매우 과격하고 극우에 가까운 사람이다. 종교인이라면 종교인 답게 타의 모범이 되어야할진대 그는 이런 것과는 상관이 없는 사람이다. 최소한 종교인으로서의 품격도 갖추지 못했고, 혐오, 폭력 같은 행위를 밥먹듯 부르짖으며 사람들을 선동했다.

종교계의 좀비

국내의 개신교 단체들이 오죽하면 성명까지 내고 법원 난동 배후 전광훈을 출교, 제명하고자 애를 쓰지 않았나. 영향력이 큰 대형교회 목사들이 이에 동조하지 않고 눈치를 보면서 전 목사의 간 덩이만 커진 모양새를 보이고 있다. 동대구역, 청주, 광주 등 지역까지 달려가 선동을 일삼아 그의 일탈이 도를 넘어섰던 것이다.

그간 기존 개신교는 어떤 태도를 보여주었나. 솔직히 그들은 보수 정권 쪽에 기울어져 왔던 게 사실이 아닌가. 윤석열 탄핵 후 헌법재판소 심리 중에도 그는 동대구역에서 대규모 탄핵 반대 집회를 열었다. 세이브코리아, 세계로교회 등이 중심이 되었지만, 이들 역시 전광훈 목사의 태도에 영향을 받았지 않았겠는가.

예수의 가장 큰 가르침은 무엇인가. 사랑이 아닌가. 그런데 전광훈 목사를 보면 사랑이란 따뜻함과 너그러움이 전혀 보이지 않는다. 예수, 하나님은 그가 빌려온 수단에 지나지 않은지도 모른다. 전광훈 목사가 종교의 선을 넘어 시민을 선동하고, 신앙자들을 교묘히 이용해 폭력을 자초하고 국가 전복을 원한기라도 하듯 과격하게 선동질을 하고 있다. 이런 교회가 어떻게 세상을 구원하는 교회가 되며, 이런 자가 어떻게 예수와 하나님 말씀을 중심으로 생활한단 말인가.

그는 우리 사회에 선한 영향력을 행사하는 게 아니라, 아주 기생충같이 흉측한 존재라 할 수 있다. 대한민국 종교계는 더이상 전광훈 목사를 방치하고, 방관만 해서는 안 될 것이다. 그를 속히 도려내야 대한민국이 깨끗하고 평화로운 사회가 된다는 것을 결코 잊지 말기 바란다.

전광훈 시대의 쇠퇴와 극우 지형의 재편

박근혜 전 대통령 탄핵 반대 집회로 대중적 인지도를 높였던 전광훈 목사의 시대가 서서히 저물고 있는 것 같다. 한때 극우 진영의 상징이었던 그는 지금, 손현보 목사에게 자리를 내주며 급격히 영향력을 잃어가고 있다. 최근 극우 개신교는 광화문파 전광훈과 여의도파 손현보로 명확히 양분되었다.

손현보 목사는 지난해 대규모 반동성애 집회를 성공적으로 이끌며 주목받았다. 이후 이재명 대표를 냉비난하며 본격적으로 극우 정치 무대에 뛰어들었다. 그는 세이브 코리아 집회를 열어 국민의힘 인사들과 유명 인사들을 끌어들이는 데 성공했다. 이 집회는 전광훈 목사의 몰락을 상징하는 사건이 되었다.

전광훈 목사는 손 목사를 향해 구원파 출신 다단계 인사와 연계됐다는 비난을 퍼부었지만, 손현보 측은 오히려 우리는 자유 우파의 확장이라고 맞섰다. 손 목사는 전국적으로 세력을 확산시키며 정치권과의 교류를 강화했다. 반면 전광훈 목사는 점점 고립되기 시작했다.

과거 전광훈 집회에는 자유한국당 시절 황교안, 나경원, 홍준표 등 유력 정치인들이 몰려들었다. 그를 영적 멘토로 칭송하는 분위기였다. 심지어 대선 경선 당시 홍준표, 윤석열 측에서도 그를 접촉하려 했다는 주장이 나왔다. 하지만 지금은 손현보 집회로 정치인들이 이동했다.

최근 윤상현 의원이 전광훈 집회에서 사죄의 큰절을 하긴 했지만, 이례적인 장면일 뿐이었다. 이제 전 씨 집회는 과거처럼 정치인들의 무대가 아니다. 늘 보던 측근들만 모이는 행사로 전락했다. 극우 세력의 실질적 무게추가 손현보 목사에게로 옮겨간 것은 부정할 수 없는 현실이다.

전광훈 목사의 추락은 단순한 정치력 약화로 끝나지 않았다. 언론은 그의 사업구조를 전광훈 유니버스라 부르며 비판했다. 자유 마을, 퍼스트 모바일, 선교카드 같은 사업을 통해 교인들의 돈과 개인정보를 거둬들였다는 의혹이 연이어 터졌다. 교인 헌금이 전광훈 일가와 측근들의 기업으로 흘러갔다는 보도도 이어졌다.

심지어 집회 현장에서 멀티비타민을 팔고, 알뜰폰 홍보를 벌이는 등 집회가 장터처럼 변질되기도 했다. 사업과 정치, 종교를 뒤섞은 전광훈 방식은 이제 내부에서도 비판을 부르고 있다. 그가 수십만 명을 동원했던 과거의 위세는 더 이상 찾아볼 수 없다.

최근 그는 국가 경축일 등의 집회에 천만 명을 동원하겠다며 추종자들에게 압박을 가하고 있다. 그러나 광역위원들이 모이지 않자 공개 방송에서 분노를 터뜨리는 장면은 오히려 그의 쇠락을 상징한다. 한때 대중을 휘어잡던 카리스마는 분노와 조급함으로 바뀌었다는 게 평자들의 말이다.

전광훈 목사는 여전히 자신을 중심으로 한 정치적 운동을 시도하고 있지만, 더 이상 대세를 주도하지 못하고 있다. 손현보 목사가 주도하는 새로운 극우 진영은 전광훈식 개인숭배가 아닌 조직적이고 전략적인 형태로 변모하고 있다. 극우 진영 내부에서조차 변화가 시작된 것이다.

전광훈 시대는 끝나가고 있다. 그의 몰락은 극우 정치와 극우 종교의 위험성을 다시 한번 보여준다. 권력과 돈, 종교를 한데 엮어 무리하게 세를 확장하려 했던 전광훈 방식은 결국 자멸로 향하고 있다. 앞으로의 한국 사회는 이 같은 극단적 흐름을 어떻게 경계하고 극복할 것인지 깊이 고민해야 할 때다. 이것만이 향후 한국의 성시시에 자부심을 지닌 나라를 후대에 물려주지 않겠는가.

전광훈과 전한길, 자유우파의 균열이 시작됐다

자유우파 진영에 예상치 못한 균열이 찾아왔다. 한쪽에는 오랜 세월 광화문을 지배해 온 전광훈 목사가 있고, 다른 한쪽에는 국민 강사로 급부상한 전한길 강사가 있다. 겉으로는 같은 편처럼 보이지만, 두 사람 사이에는 이미 깊은 골이 생겼다. 이제는 서로를 경계하고 견제하는 분위기까지 감지된다.

전광훈은 광화문 아스팔트를 장악하며 보수 우파의 상징처럼 군림해 왔다. 그의 세력과 조직력은 누구도 부정할 수 없다. 그러나 시간이 흐르면서 전광훈의 기득권에 균열을 내는 존재가 나타났다. 바로 스타 강사 전한길이다. 학원가의 1타 강사로 명성을 쌓은 그는 이제 거리로 뛰쳐나와 국민 주권을 외치고 있는 실정이다.

처음에는 전광훈도 전한길을 경계하지 않았다. 젊은 피가 자유우파에 수혈된다는 데 환영하는 듯했다. 그러나 전한길이 급격히 대중적 지지를 얻고, 언론의 스포트라이트를 독차지하면서 상황이 달라졌다. 급기야 전광훈은 공개적으로 전한길을 겨냥해 역사를 제대로 아는지 모르겠다고 비판하기 시작했다. 사실상 견제구를 날린 셈이다.

이 갈등은 단순한 감정싸움이 아니었다. 전광훈은 자신의 광화문 운동이 자유 우파의 중심이라고 생각한다. 그런데 전한길이 등장해 새로운 흐름을 만들어가자, 기득권을 위협받는 듯한 위기감을 느낀 것이다. 자신이 쌓아 올린 탑 위에 전한길이 올라서는 것을 두고 볼 수 없었던 것이다.

두 사람의 노선 차이도 갈등을 키웠다. 전광훈은 철저한 반공·반좌파 이념에 뿌리를 두고 있지만, 전한길은 과거 노무현과 김대중을 높이 평가하는 발언을 해 왔다. 특히 광주 5·18을 헌법 전문에 넣어야 한다는 주장까지 하면서 전광훈 주변에서는 전한길이 좌파 논리에 오염됐다는 불만이 터져 나왔다.

시소게임이 시작되다

전광훈은 5·18 문제를 결코 양보할 수 없는 마지막 고지로 보고 있다. 산업화와 건국의 역사, 그리고 1980년대의 해석을 자유 우파가 쥐고 있어야만 주사파 세력의 역습을 막을 수 있다는 논리다. 그런 전광훈 입장에서, 5·18을 무비판적으로 수용하려는 전한길의 발언은 배신에 가깝게 느껴졌을 것이다.

문제는 이 갈등이 자유 우파 전체의 분열로 이어질 수 있다는 점이다. 전광훈의 오래된 지지층과 전한길의 신세대 지지층이 서로 등을 돌린다면, 결국 누가 이기든 자유 우파는 치명적인 약화를 피할 수 없다. 지금 상황은 작은 균열이 아니라, 큰 균열의 시작일지도 모른다.

특히 전광훈은 자신이 광화문 운동의 총사령관이라는 자존심을 결코 내려놓을 생각이 없어 보인다. 반면 전한길은 기존 운동권식 리더십을 답답하게 여긴다. 그는 국민 속으로 들어가 직접 소통하며, 세대를 넘나드는 새 스타일의 정치 운동을 펼치고 있다. 이 차이는 결코 쉽게 좁혀질 수 없다.

결국 자유 우파 진영은 중대한 선택을 해야 할 시점에 놓였다. 과거의 방식에 집착하며 스스로를 고립시킬 것인가, 아니면 새로운 에너지를 받아들여 변화를 이끌 것인가. 전광훈과 전한길, 두 인물의 충돌은 단순한 개인 감정싸움이 아니다. 자유 우파 전체의 미래를 건 싸움이기도 하다.

갈등은 피할 수 없다. 다만 진정한 자유를 원하는 사람이라면, 누가 더 진정성 있는가, 누가 국민을 진심으로 대변하는가를 냉정하게 봐야 한다. 전광훈과 전한길 사이에서, 자유 우파는 스스로의 길을 다시 찾아야 한다. 과거의 영광에만 매달린다면, 자유 우파의 미래는 없을 것이다. 이들의 존재와 이들의 대립을 나는 곱게 보지 않는다. 하지만 세상에는 이런 세력도 존재해야 대립하며 발전할 저력도 생겨나지 않을까.

전한길, 빗나간 민심을 잡다니

 한때 공무원 시험 한국사 강의로 명성을 얻었던 전한길 선생이 윤석열 탄핵과 관련해 대한민국의 자유를 지키는 최전선에 섰다. 본명 전유관, 경북 경산 출신으로 학문과 강의에 매진했던 그는, 이제 강단을 넘어 국민 주권 회복 운동의 상징적인 존재로 떠올랐다.
 전한길은 10년 연속 일타강사로 이름을 날렸던 인물이다. 공무원 준비생들 사이에선 한국사 끝판왕으로 불렸지만, 그는 현실의 부당함을 외면하지 않았다. 나라가 무너지는 모습을 가만히 두고 볼 수 없다며 강의실을 나와 거리로 나섰다. 정치인도, 언론인도 외면했던 진실을 알리기 위해서였다.
 그가 제기한 문제는 단순한 주장이 아니었다. 사전투표 논란, CCTV 전원 차단, 투표함 관리 부실 등 구체적 데이터를 바탕으로 선거 부정 의혹을 국민들에게 알렸다. 국민들은 정치권과 사법부, 언론에 대한 신뢰를 잃었고, 전한길 선생의 목소리에 귀를 기울이기 시작했다.

전한길 선생은 권력에 맞서 싸우고 있다. 여야 정치권은 물론, 법원과 언론 모두가 선거 부정 의혹을 음모론으로 몰아가던 상황에서 그는 혼자서도 당당히 맞섰다. 그의 외침은 잠들어 있던 국민들을 깨우고, 진실을 향한 거대한 물결을 만들어냈다. 그러나 그의 외침이 얼마나 진실을 지니고 있는지는 장담할 수 없었다. 그의 등장에 우려의 목소리 역시 엄청나게 등장했기 때문이었다.

전한길 한국사 일타강사

최근 윤석열 대통령 탄핵 사태 속에서도 그는 국민들에게 목소리를 내라고 외쳤다. 정치를 외면한 대가는 저질 인간에게 지배당하는 것이라며, 이제는 침묵하지 말고 자유를 지키기 위해 싸워야 한다고 호소했다. 그의 외침은 대구, 광주, 대전, 서울을 넘어 전국으로 퍼졌지만 결국 지금 그의 존재는 미력해졌다. 그가 제기한 문제들이 진실성을 답보하기 어렵다고 판단했고, 윤석열 대통령이 파면되었기 때문이다.

전한길 선생은 단순한 정치 운동가가 아니다. 그는 자유 대한민국을 지키려는 순수한 애국자로, 국민 스스로 나라를 구해야 한다는 신념을 일깨우고자 하였다. 차가운 거리, 영하의 날씨 속에서도 태극기를 들고 대통령 관저를 지킨 이들과 함께 그는 자유를 위해 싸우기도 했다.

삼일절을 앞두고 그는 광화문 천만 집회를 예고했다. 광화문과 시청, 종로, 서울역, 용산까지 서울 전역을 국민 함성으로 가득 메우겠다는 뜻을 펼쳤다. 이는 단순한 집회가 아니라, 대한민국 민주주의를 다시 세우려는 대국민 운동이었다.

그가 이렇게 강하게 외칠 수 있었던 건, 나라를 사랑하는 마음 하나였다. 좌절과 무관심에 빠져 있던 국민들에게 어둠에서 깨어나라고 눈물로 호소한 전한길 선생. 그는 2030 젊은 세대에게도 분노의 불씨를 지폈고, 전국 곳곳에서 전한길 신드롬이 퍼졌다. 하지만 그의 제자들 중에서도 많은 수가 전한길의 이런 목소리를 달갑지 않게 생각했다. 어떤 제자들은 회원방에서 탈퇴하는 소동도 일어났다.

그가 그토록 부르짖었던 윤석열 대통령의 복귀는 물건너갔다. 그래서 전한길과 그 주변 상황이 앞으로 어떻게 변화할지 알 수가 없다. 그는 참지 않고 목소리를 냈지만 분명 올바른 선택이 아니라고 필자는 생각한다. 전한길 선생과 함께 진실을 찾아 나선 이들은 정의를 외쳤지만, 그들이 포효했던 부정선거 등은 결국 허황된 얘기로 끝이 나지 않았는가.

전한길, 그는 분명 에너지 넘치고 정의로운 사람이 맞다고 생각한다. 하지만 그가 부르짖던 선관위의 부정행위는 입증되지도 않았고, 어떤 부정의 가능성을 열어두지도 않았다. 이런 의문점에 대해 헌법재판소는 분명하게 명시하지 않았나. 그런 가능성도 없었고, 부정이 있었다는 증거도 찾아내지 못했다고 말이다.

전한길 강사, 그는 단순히 한 명의 강사가 아니다. 지금 이순간, 그는 깨어난 민심을 이끄는 깃발이 된 것은 분명 맞다. 하지만 그의 이런 열정이 혼잡한 정치판에서 소모되는 것을 우리는 원치 않는다.

그는 다시 뜨거운 역사 강의의 현장으로 돌아가야 한다. 대한민국 민주주의의 새로운 변곡점을 만들어가는데 그의 에너지가 사용되기를 바란다. 이제 세상이 바뀌었다. 그에 맞게 새바람으로 세상을 신선하게 만드는데 열정을 바치도록 기원한다.

계몽령이라며 선동한 전한길, 어디까지 갈 셈인가

한때 수험생들의 존경을 받던 한국사 강사가 어쩌다가 극단적 선동의 아이콘으로 전락했는가. 전한길, 그는 더 이상 단순히 강의실에서 한국사를 가르치는 사람이 아니다. 이제는 법과 질서를 무시하고, 헌법재판소를 향해 휩쓸겠다는 협박성 발언까지 서슴지 않았던 사람으로 각인되고 있다.

윤석열 대통령의 헌법재판소 심판이 한창 진행중일 때, 부산역 앞 탄핵 반대 집회에서 전한길은 이렇게 외쳤다. 불의한 재판관들의 심판에 승복하지 않을 것이다. 국민들이 헌재를 휩쓸 것이고, 모든 책임은 불의한 재판관들에게 돌아갈 것이다. 법과 정의를 가르치던 사람이 법의 집행기관을 상대로 폭력을 암시하는 발언을 한 것이다.

이 발언 직후, 그의 유튜브 영상에는 사제폭탄 준비 중이라는 테러 예고성 댓글까지 달렸다. 전한길은 계몽령을 주장하며 자신을 정당화하려 했지만, 그가 던진 말 한마디가 얼마나 위험한지 스스로는 모르는 듯했다. 선동은 쉬워도, 그 결과는 치명적이 아닌가 말이다.

전한길의 문제는 단순히 발언의 수위가 아니라, 사실과 거짓을 구분하지 않은 채 분노만을 자극한다는 점이다. 그는 선거 부정이라는 음모론을 사실처럼 포장하고, 이미 도입된 수개표를 대만처럼 도입하자고 주장한다. 자신이 틀렸다는 사실조차 인정하지 않은 채, 오히려 언론이 이를 무비판적으로 받아쓰도록 만들었다.

물론 언론에도 책임이 크다. 그의 일방적 주장을 검증 없이 받아쓰며, 전한길이 말했다는 따옴표 제목으로 클릭 장사를 해왔다. 그런 보도가 결국 극단적 세력을 키워주는 역할을 했음은 부정할 수 없다. 언론이 검증과 비판을 포기하면, 결국 거짓말쟁이가 세상의 주인이 되는 법이다.

선동하는 전한길 강사

전한길은 스스로를 민주주의 수호자로 포장하지만, 그의 행보는 민주주의의 적과 다를 바 없다. 그는 재판관을 공개적으로 협박하고, 헌재를 무력으로 점거하겠다는 시나리오를 공개적으로 말한다. 이것이 과연 법치주의를 사랑하는 사람의 태도인가.

그의 계몽령 주장은 더 황당하다. 계엄령을 계몽령으로 포장하며, 군의 개입을 정당화하려 한다. 전한길은 계몽 군주를 자처하는가? 민주주의 국가에서 국민을 계몽의 대상으로 삼겠다는 발상이 얼마나 위험한지 그는 모르는 듯하다. 계몽은 어떤 의미에서 독재자의 언어가 아닌가.

무엇보다도 그의 발언은 실제로 행동에 나설 극단적 지지자들을 자극했다. 당시 이런 선동에 힘 입어 발생한 폭탄 테러 예고는 우연이 아니다. 언어는 방아쇠가 된다. 전한길은 자신이 던진 말이 어떤 파장을 낳을지 충분히 예상했어야 한다. 그가 내란 선동자라는 비판을 피하기 힘든 이유다.

더 이상 전한길의 거짓말과 선동에 휘둘려서는 안 된다. 전한길은 자신이 주장한 말이 진실이 아니라는 것을 빨리 받아들여야 한다. 그가 선동적이란 점에서 선량한 가르치는 자의 이미지가 아니라, 선동과 왜곡이라는 자신만의 종교를 만들고 있는지도 모른다.

팬덤을 이용해 정치를 하는 자칭 지도자들은 결국 우리 사회를 분열시키고, 폭력으로 몰아넣는다. 민주주의는 선동이 아니라, 합리적 토론과 법치 위에서 성장한다는 점을 빨리 받아들여야 하지 않을까.

  이제 전한길에게 묻고 싶다. 당신은 도대체 어디까지 갈 생각인가. 법과 질서를 무너뜨리고, 거짓으로 국민을 선동해 얻고 싶은 것이 무엇인가. 계몽이 아니라 선동을 멈추고, 다시 한국사 교재를 펼치며 스스로를 돌아보는 게 당신에게도, 이 나라에도 필요한 시점이 아닐지 모르겠다. 나는 당신 눈빛 속에 가르친 자의 도덕과 양심, 선량한 마음을 믿는다. 그런 날이 빨리 온다면 당신을 만나 반드시 한번 끌어 안아주고 싶은 마음이다.

유튜브 교훈 삼아야

 윤석열 전 대통령 탄핵 심판 결과가 발표된 4월 4일, 아크로비스타 상가는 조용했다. 윤 전 대통령이 과거 살던 곳이지만, 이곳은 평소처럼 점심시간을 준비하고 있었다. 탄핵이라는 중대한 정치적 사건이 현실로 다가온 날, 상가 곳곳에서는 헌법재판소 생중계 소리가 흘러나왔지만 반응은 차분했다.
 헌법재판소 문형배 권한대행이 대통령 윤석열을 파면한다고 선고한 순간에도 상가 사람들은 평온했다. 떡집 앞에서 생중계를 보던 이들은 별다른 동요 없이 자리를 떠났다. 탄핵이라는 거대한 정치적 사건이지만, 아크로비스타에는 일상만이 남아 있었다.
 하지만 상가 상인들과 주민들의 걱정은 다른 데 있었다. 윤 전 대통령이 다시 아크로비스타로 돌아온다면, 그를 둘러싼 시위대나 유튜버들이 몰려들까 봐 불안해하고 있었다. 정치에는 큰 관심이 없다는 주민조차 시끄럽지 않았으면 좋겠다고 말할 정도였다.
 사실 윤 전 대통령과 유튜버 문화의 연결은 이제 새로운 이야기가 아니다. 대통령 재임 시절부터 그는 극우 성향 유튜버들과 긴밀히 소통했고, 이들은 그의 지지기반을 떠받치는 중요한 존재였다. 심지어 윤 전 대통령 지지 집회에는 논란 많은 외국인 유튜버까지 등장했다.

아크로비스타 아파트 전경

대표적인 사례가 미국 유튜버 조니 소말리다. 그는 평화의 소녀상에 입을 맞추는 등 경악스러운 행동을 했던 인물인데, 최근 윤 전 대통령 탄핵 반대 집회에도 모습을 드러냈다. 종북좌파 OUT이라 적힌 손팻말을 들고 구호를 외친 그의 모습은 윤석열 정치가 어떤 경로로 흐르게 되었는지를 적나라하게 보여줬다.

윤 전 대통령이 극우 유튜브 세계에 깊이 빠져든 것은 단순한 전략이 아니었다. 그는 정치적 기반이 약했던 탓에 확실하게 자신을 지지해줄 집단을 찾았고, 그 결과 유튜브 속 작은 세계에 의존하게 됐다. 그러나 그 선택은 결국 그를 고립시키고 국민 다수로부터 멀어지게 만들었다.

아크로비스타 주민들의 우려도 같은 맥락이다. 탄핵 후에도 여전히 윤 전 대통령 주변에 과격한 지지자들이 남아 있고, 그 중심에는 유튜버 문화가 있다는 점을 걱정하는 것이다. 실제로 STOP THE STEAL 배지를 단 시민이 아크로비스타를 찾아오는 모습은 이런 불안을 더욱 부추겼다.

탄핵 이후 윤 전 대통령을 둘러싼 풍경은 한마디로 쓸쓸함이다. 예전의 화려한 대통령 이미지는 사라지고, 극우 유튜버들과 일부 열성 지지자들만 남았다. 그리고 그 작은 세계는 오히려 윤 전 대통령을 더 외롭게 만들고 있다.

이번 사건은 후대의 지도자들에게 중요한 교훈을 준다. 지도자는 다양한 목소리를 들어야 하고, 국민 전체를 바라봐야 한다. 특정 집단, 특히 음모론과 가짜뉴스에 물든 집단에만 기대는 순간, 그 지도자는 국민 속에서 고립될 수밖에 없다.

윤석열 전 대통령은 유튜버 정치라는 새로운 길을 열었지만, 그것은 결국 자신을 고립시키고 파면으로 이어진 길이었다. 그리고 오늘, 아크로비스타에 울려 퍼진 생중계 소리는 우리 모두에게 깊은 질문을 던진다. 지도자는 누구를 위해, 무엇을 위해 존재해야 하는가를 깊이 새기지 않으면 언제든 이런 소란은 재발할 수 있다는 점을 잊어서는 안 될 것이다.